この本《ほん》の使《つか》い方《かた》

●本《ほん》に直接《ちょくせつ》書《か》きこまないようにしましょう。

●どうしても書《か》きこみをしたいクイズは、
コピーをして楽《たの》しみましょう。

●クイズを解《と》いたら、答《こた》えのページで
答《こた》え合《あ》わせをしましょう。
答《こた》えのページには、そのクイズと
関連《かんれん》のあることがらについての解説《かいせつ》や、
遊《あそ》びなどものっています。

探検隊長《たんけんたいちょう》　池田《いけだ》 修《おさむ》先生《せんせい》

監修　池田 修 *Osamu Ikeda*
京都橘大学人間発達学部准教授

クイズ にほん語の大冒険 1

教育画劇

ようこそ、文字《もじ》の世界《せかい》へ

もくじ

さあ、探検《たんけん》に出《で》かけよう

1 漢字《かんじ》のかくれんぼ

「もういいかい？」

「もういいよ」。

青、海、田、建、魚、学、玉、山、森、水、草、牛、道、木のなかに、ちがう漢字《かんじ》がひとつずつかくれています。さあ、かくれた漢字《かんじ》を見《み》つけましょう。

青 青
青
青 青
青
青
山山山
山山山山山山
山山山山山山山山山
山山川山山山山山山山山
山山 山山山山山山
山 山山山山山山山
山山山
山山山山山山
山山山山山山山
山山山山山山山
山山山
森森森森森森
森森森森林森森森
森森森
森森森森森森
田田田田田田田
田田田田田田田
田田田田田田
田田田田
田田田
水 水 水 水 水 水 水 氷 水 水 水 水 水 水
牛牛牛
牛牛牛
牛牛牛牛牛
牛牛牛牛牛
牛牛
牛牛牛
牛牛牛
牛牛
草 草 草 草 草 草 草 草 草 草 草 草 草 草 草 草 草 草 草 芽 草 草 草 草 草
木 木 木 木 木 木 木 木 木 木 木 木 木 木 木 本 木 木 木 木 木 木 木 木 木 木 木 木 木
道 道 道 道 道 道 道 道 道 道 道 道 道 道 道 首 道 道 道 道 道 道 道 道 道
玉 玉 王 玉 玉 玉

 答《こた》えは10ページ。

2 漢字《かんじ》のペア探《さが》し

「田」と「力」を組《く》み合《あ》わせると、「男」になります。このように漢字《かんじ》を2つ組《く》み合《あ》わせて、6つの漢字《かんじ》を作《つく》りましょう。わたり鳥《どり》が運《はこ》んでいる12この漢字《かんじ》を、全部《ぜんぶ》使《つか》ってね。

3 ヒラメキ一《いち》字《じ》一《いっ》答《とう》

ひとつの漢字《かんじ》を切《き》ってバラバラにしてまぜて、またくっつけました。パッと見《み》てすぐに、もとの漢字《かんじ》がわかるかな？ 6つの漢字《かんじ》を当《あ》てましょう。

4 なぞなぞマンガ

マンガが表《あらわ》している漢字《かんじ》は、なんでしょう？ 会話《かいわ》に出《で》てくる文字《もじ》がヒントですよ。

1 温《あたた》かくなるもの、な～んだ？

2 幸《しあわ》せを招《まね》くもの、な～んだ？

答《こた》えは10ページ。

5 昔《むかし》むかし、漢字《かんじ》のもとがあったとき

①～⑪の絵《え》のような線《せん》は、今《いま》の漢字《かんじ》のもとになった、およそ三千二百年前《さんぜんにひゃくねんまえ》に作《つく》られた文字《もじ》です。それぞれの文字《もじ》は、現在《げんざい》どの漢字《かんじ》になったのでしょうか。答《こた》えをリストから選《えら》びましょう。

ヒント
やはナ
手《て》を表《あらわ》す形《かたち》だよ。

は、いのりの言葉《ことば》を入《い》れた箱《はこ》だよ。

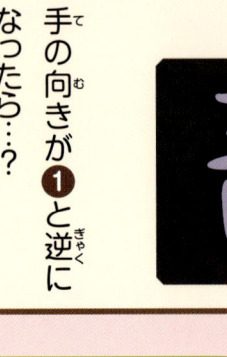

①

②
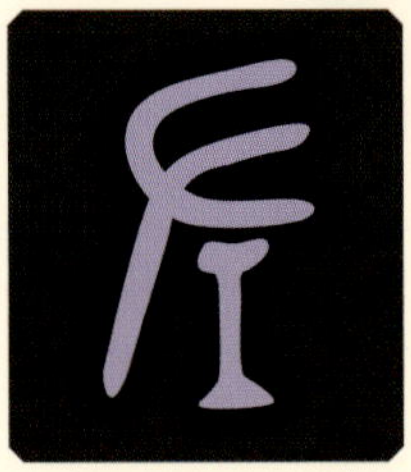

手《て》の向《む》きが①と逆《ぎゃく》になったら…？

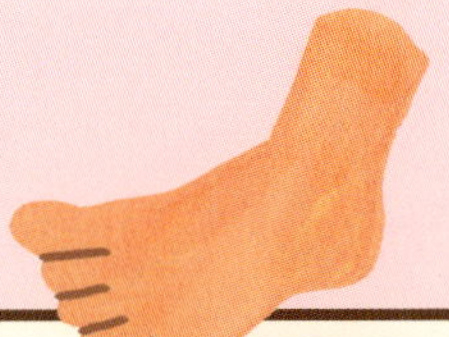

ヒント
は止
人《ひと》の足《あし》あとの形《かたち》が「止」になったよ。

③

「止」が2つ並《なら》んだら動《うご》き出《だ》す!?

④
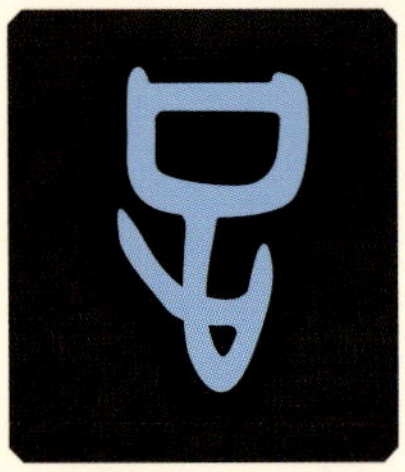

「止」の上《うえ》に四角《しかく》い形《かたち》がついたよ。

⑤

「止」の上《うえ》は、両《りょう》うでをふっている人《ひと》みたい。

ヒント

 は **目**

目も罒も「目」を表《あらわ》すよ。

6

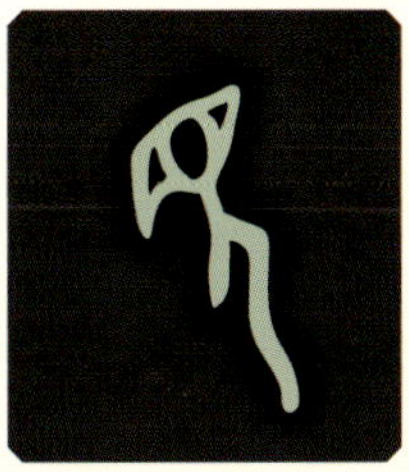

人《ひと》の頭《あたま》の部分《ぶぶん》が「目」になったような形《かたち》だね。

7

「目」の上《うえ》にある形《かたち》は手《て》に見《み》えない？

8

夕《ゆう》の字《じ》があるよ。何《なに》を見《み》ているのかかな？

リスト

比

走

従

右

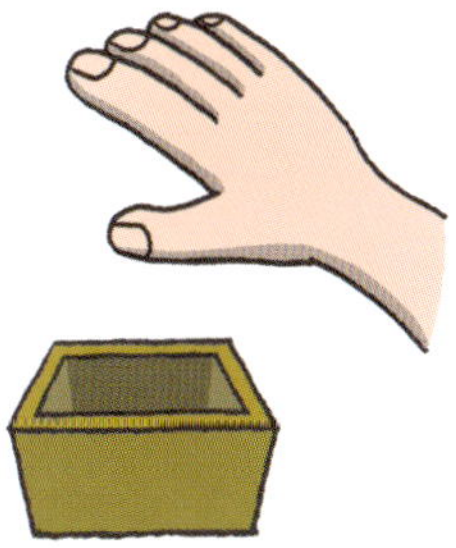

夢

見

ヒント

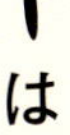 は **人**

横向《よこむ》きの人《ひと》の形《かたち》からできた字《じ》だよ。

9

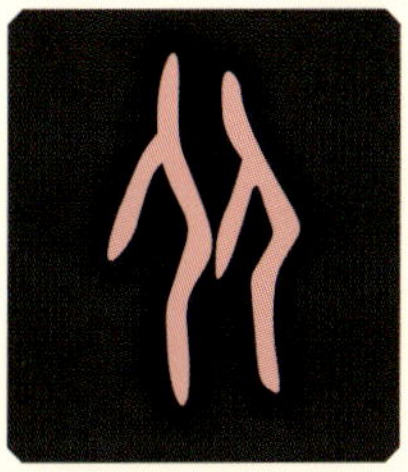

「人」が二人並《ふたりなら》んだよ。なんの字《じ》かな？

10

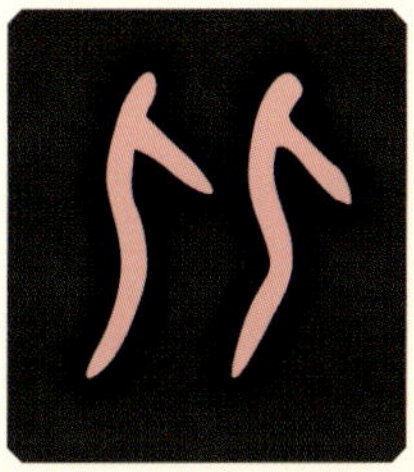

今度《こんど》は右向《みぎむ》きに「人」が二人並《ふたりなら》んだよ。

11

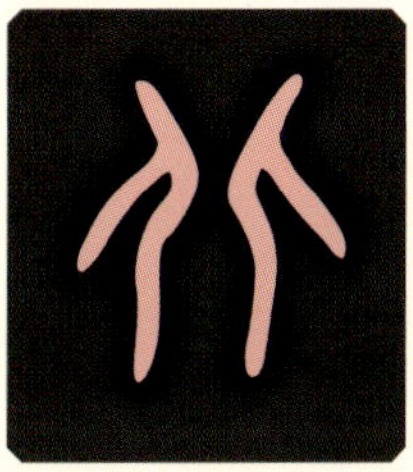

二人《ふたり》が「背《せ》」中合《なかあ》わせになったら…？　背《せ》という文字《もじ》をよく見《み》てね！

答《こた》えは10ページ。

漢字《かんじ》の起源《きげん》と成《な》り立《た》ちを探《さぐ》る

答《こた》え 1〜5

1 漢字《かんじ》のかくれんぼ

晴、毎、由、健、漁、字、王、川、林、氷、芽、午、首、本

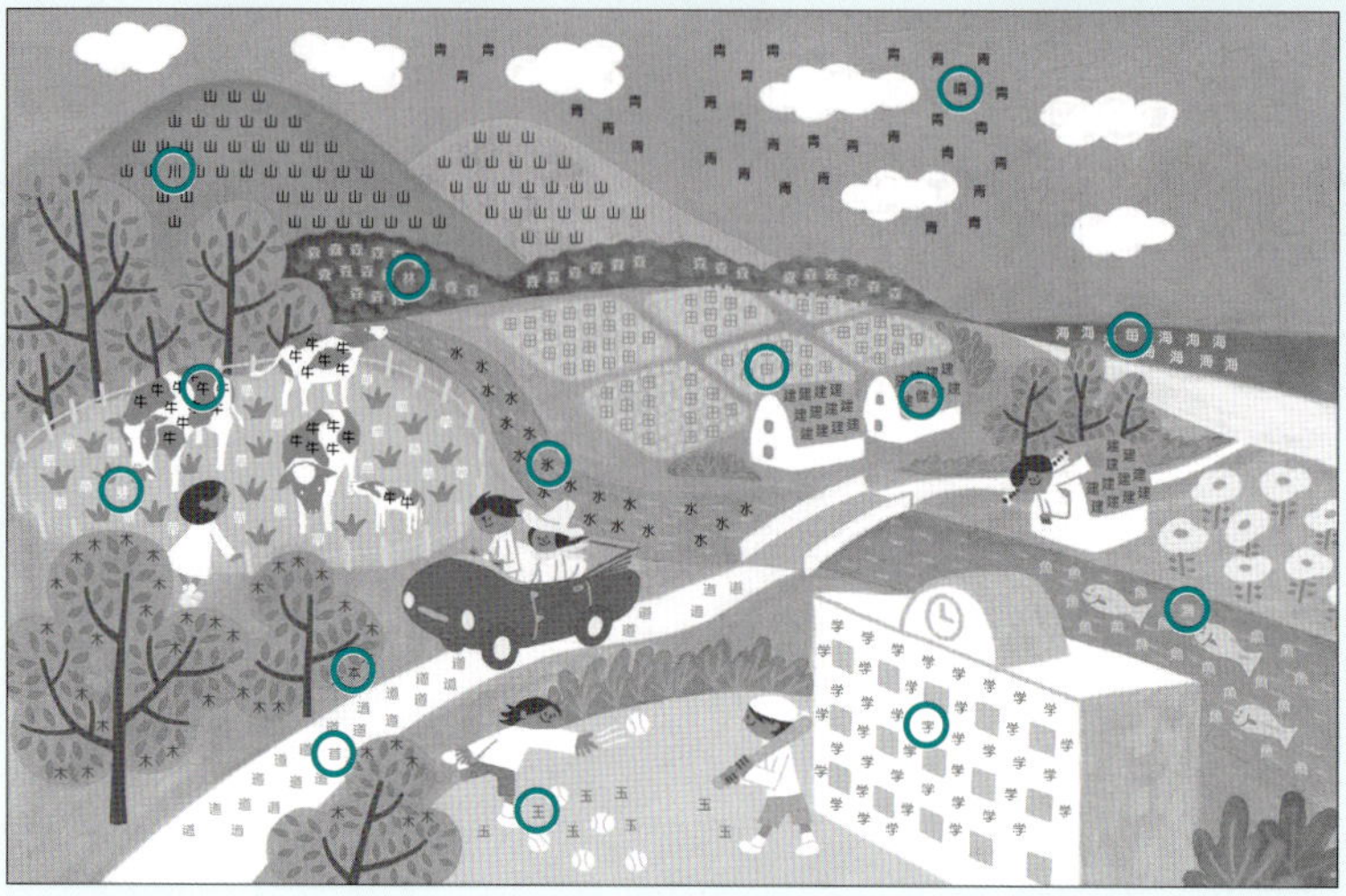

2 漢字《かんじ》のペア探《さが》し

鳴、計、意、習、料、効

3 ヒラメキ一字一答《いちじいっとう》

（高）（楽）（空）（旅）（詩）（博）

4 なぞなぞマンガ

①春（三＋人＋日）
②福（ネ＋一＋口＋田）

5 昔《むかし》むかし、漢字《かんじ》のもとがあったとき

①右 ②左 ③歩 ④足 ⑤走 ⑥見 ⑦看 ⑧夢 ⑨従 ⑩比 ⑪北

甲骨文字《こうこつもじ》から「漢字《かんじ》」へ

漢字《かんじ》の始《はじ》まりとなる文字《もじ》は、およそ三千二百年前《さんぜんにひゃくねんまえ》、古代中国《こだいちゅうごく》の殷《いん》という時代《じだい》に作《つく》られました。亀《かめ》の甲羅《こうら》や、牛《うし》や羊《ひつじ》の肩甲骨《けんこうこつ》などに刻《きざ》まれたので「甲骨文字《こうこつもじ》」と呼《よ》ばれます。

甲骨文字《こうこつもじ》は、当時《とうじ》の王様《おうさま》の命令《めいれい》により、いっせいに作《つく》られたと考《かんが》えられています。なぜかというと、その年代《ねんだい》を境《さかい》にして見《み》つかっているからです。発生《はっせい》の時期《じき》がはっきりしているので、自然《しぜん》に生《う》まれたというより、力《ちから》を持《も》つ人間《にんげん》が、その時期《じき》にまとめて作《つく》ったと考《かんが》えるほうが自然《しぜん》なのです。

甲骨文字《こうこつもじ》のほとんどは、ものの形《かたち》をもとに作《つく》られています。ある形《かたち》から想像《そうぞう》をふくらませ、まるで連想《れんそう》ゲームのように、新《あたら》しい文字《もじ》を作《つく》り出《だ》していったようです。

なぜ、文字《もじ》が必要《ひつよう》になったのでしょう。甲骨文字《こうこつもじ》は、主《おも》にうらな・い・に使《つか》われています。天気《てんき》はどうなるか、不幸《ふこう》な出来事《できごと》は起《お》きないかなど、神様《かみさま》と対話《たいわ》するために、作《つく》ったのではないかと考《かんが》えられています。

殷《いん》から周《しゅう》の時代《じだい》には、青銅器《せいどうき》という銅製《どうせい》の道具《どうぐ》に文字《もじ》を入《い》れた「金文《きんぶん》」が残《のこ》されています。さらに、それからずっと後《のち》、秦《しん》の時代《じだい》の始皇帝《しこうてい》は、「小篆《しょうてん》」という文字《もじ》をまとめました。

そしてついに、約千八百年前《やくせんはっぴゃくねんまえ》の漢《かん》の時代《じだい》に、現在《げんざい》使《つか》っている文字《もじ》の形《かたち》にほぼ近《ちか》い書体《しょたい》が生《う》まれました。これが「漢字《かんじ》」です。

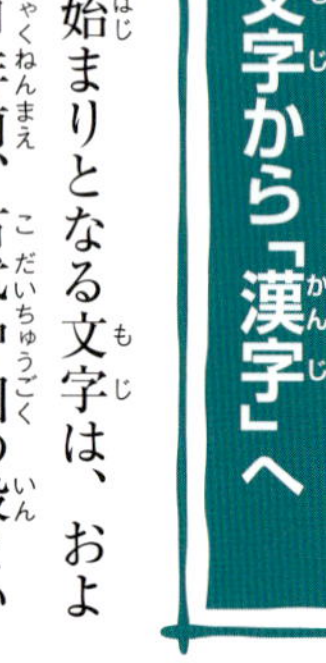

◀金文《きんぶん》・図形文字《ずけいもじ》。殷《いん》の時代《じだい》のもの。

図版複写・転載元
『書の実相　中国書道史話』
（二玄社、1982年）

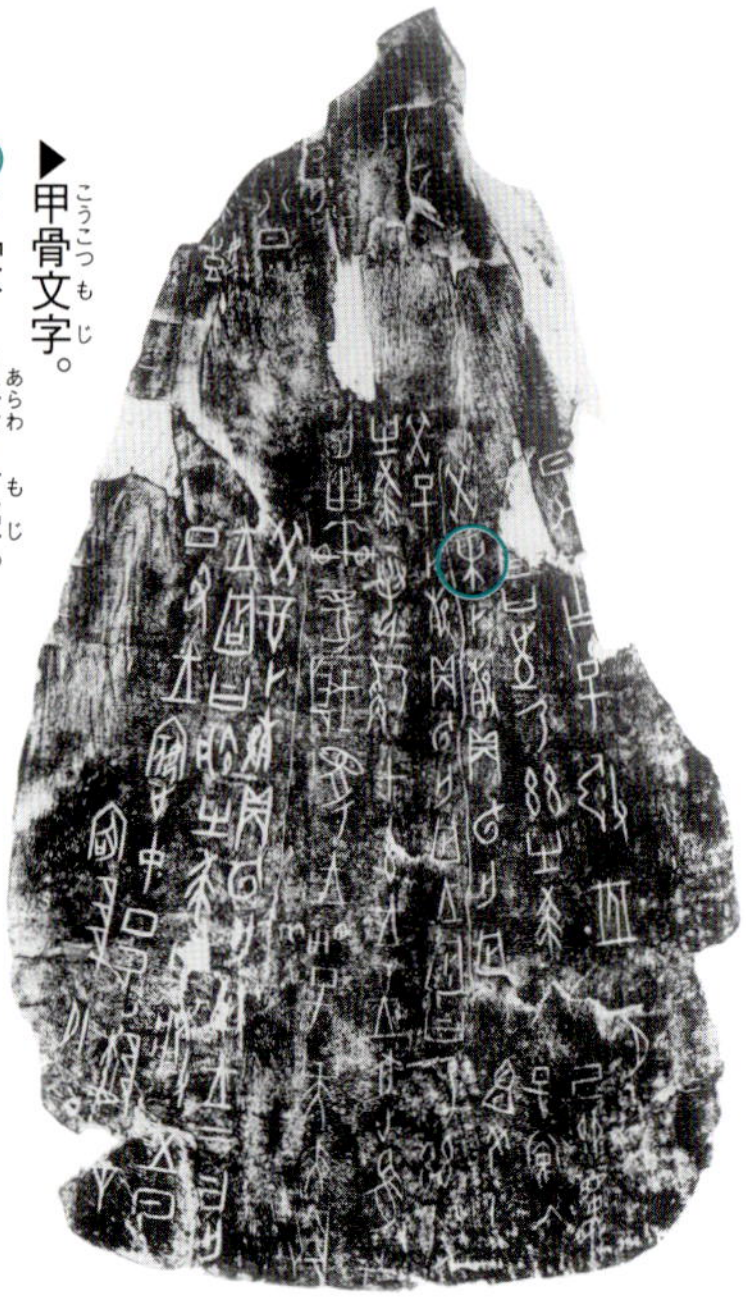

▶甲骨文字《こうこつもじ》。
○は「木」を表《あらわ》す文字《もじ》。

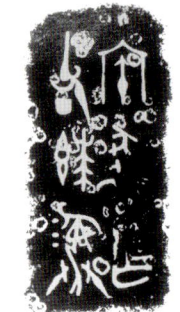

漢字《かんじ》が秘《ひ》めた物語《ものがたり》

クイズ⑤は解《と》けましたか？　足《あし》にまつわる漢字《かんじ》に使《つか》われている「止」を例《れい》に、ひとつの文字《もじ》がいろいろな漢字《かんじ》に発展《はってん》していく様子《ようす》を見《み》てみましょう。

まず、人《ひと》の足《あし》あとの形《かたち》から、(止)の文字《もじ》ができました。

(止)と、それを左右《さゆう》逆《ぎゃく》にして右足《みぎあし》の足《あし》あとを表《あらわ》したを並《なら》べています。これは「歩」です。

は両手《りょうて》を広《ひろ》げている人《ひと》の姿《すがた》で、その下《した》には(止)。「走《はし》」っているんですね。

(止)の上《うえ》にはがあります。これはひざの骨《ほね》です。よってこの字《じ》が表《あらわ》すのは「足」ですね。

このように、ひとつの漢字《かんじ》から新《あたら》しい漢字《かんじ》へと、まるで物語《ものがたり》のように広《ひろ》がっていくのです。

漢字一文字《かんじいちもじ》からも物語《ものがたり》を読《よ》み取《と》ることができます。例《たと》えば、みなさんも大好《だいす》きなお祭《まつ》りの「祭」。

「祭」は左《ひだり》の図《ず》のように、①②③の3つの部分《ぶぶん》からできています。

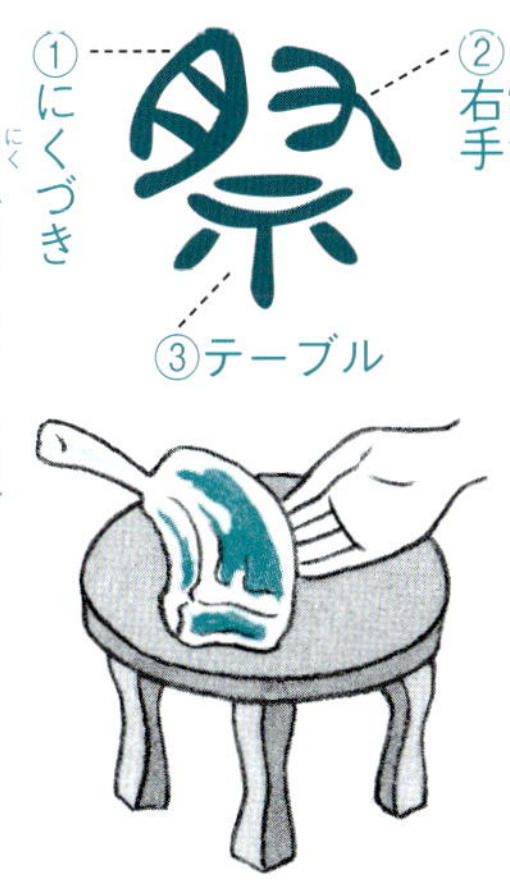

祭
①にくづき
=肉《にく》(おそなえもの)
②右手《みぎて》
③テーブル

これは、「肉《にく》を右手《みぎて》で持《も》って、テーブルの上《うえ》にささげている様子《ようす》」を表《あらわ》します。ささげる相手《あいて》は神様《かみさま》です。「祭」は本来《ほんらい》、神様《かみさま》をまつることを意味《いみ》する語《ご》なのです。

さらに、「際《きわ》」という漢字《かんじ》は「祭」にこざとへんがついています。これは神様《かみさま》が階段《かいだん》を使《つか》って「祭」の肉《にく》をとりにくる様子《ようす》を表《あらわ》しています。神様《かみさま》が降《お》りてくる場所《ばしょ》は、神様《かみさま》の世界《せかい》と人間《にんげん》の世界《せかい》の「きわ（さかい目《め》）」なのですね。

「六書《りくしょ》」の漢字分類法《かんじぶんるいほう》

漢《かん》の時代《じだい》に、許慎《きょしん》という学者《がくしゃ》が世界最古《せかいさいこ》といわれる辞書《じしょ》、『説文解字《せつもんかいじ》』を作《つく》りました。そのころはまだ、漢字《かんじ》の起源《きげん》を知《し》るための甲骨文字《こうこつもじ》や金文《きんぶん》は発《はっ》くつされていません。そのため、今考《いまかんが》えるとちがっているところもあります。しかし、許慎《きょしん》が成立《せいりつ》させた「六書《りくしょ》」と呼《よ》ばれる漢字《かんじ》の分類法《ぶんるいほう》は、現在《げんざい》でも大《おお》きな価値《かち》を持《も》っています。漢字《かんじ》の作《つく》り方《かた》から分《わ》けた4つのグループについて紹介《しょうかい》しましょう。

象形《しょうけい》	指示《しじ》	形声《けいせい》	会意《かいい》
ものの形《かたち》を土台《どだい》にして作《つく》られた絵画的《かいがてき》な字《じ》	形《かたち》に表《あらわ》せないものを記号《きごう》を用《もち》いて表《あらわ》した字《じ》	意味《いみ》を表《あらわ》す部分《ぶぶん》と、音《おと》を表《あらわ》す部《ぶ》分《ぶん》を合《あ》わせた字《じ》	2つの字《じ》が持《も》つ意味《いみ》を合《あ》わせた字《じ》
雨　月　鳥	上　本　下	洋　球　帳	計　料　習

このほか、使《つか》い方《かた》で分《わ》ける「転注《てんちゅう》」「仮借《かしゃく》」があり、合《あ》わせて「六書《りくしょ》」といいます。

漢字《かんじ》は「形《かたち》」に意味《いみ》を持《も》つ

文字《もじ》には、それ自体《じたい》が意味《いみ》を表《あらわ》す「表意文字《ひょういもじ》」と、それ自体《じたい》は音《おと》だけを表《あらわ》し、二文字以上《にもじいじょう》つながることで意《い》味《み》を表《あらわ》す「表音文字《ひょうおんもじ》」があります。

漢字《かんじ》は表意文字《ひょういもじ》です。「海《うみ》」という漢字《かんじ》には、地球《ちきゅう》をおおっている塩分《えんぶん》のある水《みず》という意味《いみ》があります。

ひらがなの「うみ」はどうでしょう。「う」と「み」の二文字《にもじ》が合《あ》わさって、ひとつの意味《いみ》をなしています。では、「う」には何《なに》か意味《いみ》があるでしょうか？　この文字《もじ》はそれだけでは意味《いみ》を持《も》っていません。ひらがなは、音《おと》を持《も》っているだけの表音文字《ひょうおんもじ》なのです。

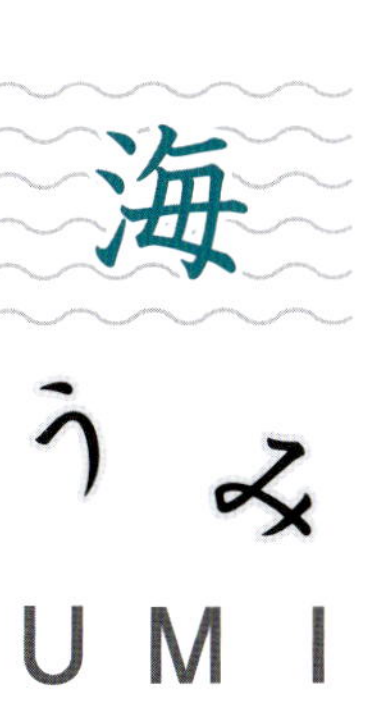

海
うみ
UMI

現在世界《げんざいせかい》で使《つか》われている文字《もじ》の中《なか》で、表意文字《ひょういもじ》は漢字《かんじ》だけといってよいのです。いつも自然《しぜん》に使《つか》っている漢字《かんじ》ですが、とてもめずらしい文字《もじ》なんですね。

6 発見《はっけん》！ 文字《もじ》の計算式《けいさんしき》

ちょっぴりこわいどうくつの中《なか》。かべに書《か》かれた15の文字《もじ》の計算《けいさん》を解《と》き明《あ》かしましょう。「ハ＋シ＋ロ」が「沿」という漢字《かんじ》になるように、すべての計算《けいさん》が漢字《かんじ》一字《いちじ》になりますよ。

ネ＋ロ＋ル

イ＋二＋ム

ワ＋ツ＋カ

ク＋ヨ＋心

シ＋リ＋貝

木＋井＋再

路－足＋門

肉－人＋糸

巻－己＋カ＋月

タ＋タ

ヘ＋ラ

サ＋イ＋ヒ

ホ＋ヘ＋サ

サ＋ナ＋ロ

シ＋ロ＋チ

7 解読《かいどく》！ 文字《もじ》の関係図《かんけいず》

例《れい》のように、外側《そとがわ》の漢字《かんじ》の一部分《いちぶぶん》と？の中《なか》の漢《かん》字《じ》を組《く》み合《あ》わせると、それぞれちがう漢字《かんじ》ができあがります。？にはなんの漢字《かんじ》が入《はい》るでしょう。

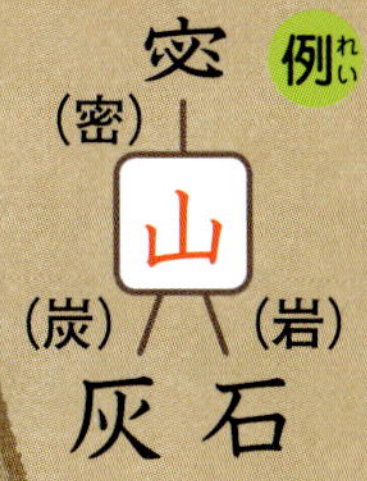

寄《よ》り道《みち》コラム 龍安寺《りょうあんじ》のつくばい「吾唯知足」

これは、京都《きょうと》の龍安寺《りょうあんじ》にある「つくばい」です。つくばいは、手《て》を清《きよ》める場所《ばしょ》です。竹《たけ》のつつから流《なが》れた水《みず》が、真《ま》ん中《なか》のマスにたまっています。

さて、そのマスの周《まわ》りをよく見《み》てみましょう。なにやら漢字《かんじ》の一部分《いちぶぶん》がありますよ。

マスの部分《ぶぶん》を漢字《かんじ》の「口《くち》」と考《かんが》えて、周《まわ》りの漢字《かんじ》の一部《いちぶ》分《ぶん》とくっつけてみてください。「五《ご》」の位置《いち》から時計回《とけいまわ》りに読《よ》むと、「吾」「唯」「足」「知」となります。これは、「われ／ただ／たるを／しる」という禅《ぜん》の教《おし》えを説《と》いていると言《い》われています。

「むやみに不満《ふまん》をもたず、現《げん》状《じょう》に感謝《かんしゃ》し満《み》ち足《た》りたものと考《かんが》える心《こころ》の豊《ゆた》かさを大切《たいせつ》に」という意味《いみ》なんですよ。

答《こた》えは18ページ。

8 ザ★ぴったりパーツランド

部首《ぶしゅ》や漢字《かんじ》の一部分《いちぶぶん》（パーツ）を、パチッとはめ合《あ》わせるクイズです。❶～❹はそれぞれルールがちがうので、問題文《もんだいぶん》をよく読《よ》んでね。

❶ 丸《まる》の中《なか》の4つの文字《もじ》に共通《きょうつう》してつけられる部首《ぶしゅ》を、リストから選《えら》びましょう。

リスト

广　頁　辶　口　女　亻

- 大・古・木・井
- 子・台・市・末
- 貴・米・束・車
- 付・丁・坐・廷
- 川・令・豆・彦
- 表・共・本・言

❷ 左《ひだり》の12この文字《もじ》に、リストの「宀」、「艹」、「⺮」のどれかのかんむりをつけると、ちがう漢字《かんじ》ができあがります。いちばん多《おお》く使《つか》われたかんむりは、どれでしょう。

リスト

宀　艹　⺮

采	央	示	即
合	谷	何	元
祭	者	間	牙

※クイズで答《こた》えるのは常用漢字《じょうようかんじ》のみです。

4

それぞれの？に同《おな》じ漢字《かんじ》を入《い》れると、例《れい》のように熟語《じゅくご》ができあがります。ヒントのイラストを漢字《かんじ》にして考《かんが》えましょう。

ヒント

例 針 / 金	？ / 巛？	？月 / ？	？ / ？系
？羊 / ？	？田 / ？	？ / 产？	山？ / ？
？直 / ？	咸？ / ？	？ / ？也	？肙 / ？
关？ / ？	？ / 火？	奴？ / ？	？ / ？侖

リスト

言　禾　木　糸　忄

3

右の20この文字《もじ》に、リストのへんのどれかをつけると、ちがう漢字《かんじ》ができあがります。2つ以上《いじょう》のへんがつけられる文字《もじ》もありますよ。いちばん多《おお》く使《つか》われたへんは、どれでしょう。

工	ム	寸	夬	会
己	反	青	色	生
火	志	多	必	売
責	宿	几	延	貫

※クイズで答《こた》えるのは常用漢字《じょうようかんじ》のみです。

答《こた》えは18ページ。

9 まか不思議《ふしぎ》な漢字《かんじ》バラバラ事件《じけん》

例《れい》のように、バラバラになった部品《ぶひん》を全部《ぜんぶ》使《つか》って組《く》み合《あ》わせて、3つの漢字《かんじ》を作《つく》りましょう。❶～❺のまか不思議《ふしぎ》な事件《じけん》(?)を解決《かいけつ》してね。

❶ イ カ ヒ ロ 夫 夫 貝 貝 貝
↓
? ? ?

❷ 一 土 土 彳 彳 寸 寸 寸 日 日
↓
? ? ?

❸ ヒ ヒ ヒ ヒ ヒ ム 扌 扌 日 月
↓
? ? ?

❹ シ シ シ 十 十 十 十 口 日 月 月 隹
↓
? ? ?

❺ ノ カ ハ ハ 日 土 土 土 土 土 丸 丸 灬 灬
↓
? ? ?

ヒント それぞれ「?中」「?力」「?物」という熟語《じゅくご》になる漢字《かんじ》だよ。

例《れい》

一 一 ム ム ウ 土 土 土

複数《ふくすう》ある部品《ぶひん》から、うまく分配《ぶんぱい》していこう。

↓

去 至 室

10 この木《き》なんの木《き》?

?にリストのパーツを入《い》れて、「木」がつく漢字《かんじ》を作《つく》りましょう。パーツはすべて使《つか》いますよ。

リスト

イ 扌 寸 斤 心
目 且 立 隹 品

11 あるなしクイズ

あるの漢字《かんじ》に、どんな共通点《きょうつうてん》があるのかを見《み》つけましょう。例《れい》を見《み》てルールを理《り》解《かい》してね。問題《もんだい》①は、漢字《かんじ》の形《かたち》に注目《ちゅうもく》!

例《れい》 あるの漢字《かんじ》には、体《からだ》のどこかを示《しめ》す漢字《かんじ》がある。

ある	ない
県	市
挙	降
職	働
道	歩

問題《もんだい》①

山はそうだけど、海はちがうよ

父はそうだけど、母はちがうよ

喜はそうだけど、悲はちがうんだ

それからね、米はそうだけど、麦はちがうよ

並はそうだけど、上はちがうよ

問題《もんだい》②

春にはあるけど、秋にはないよ

前にはあるけど、後にはないよ

灰にはあるけど、黒にはないわ

泉にはあるけど、池にはないよ

休にはあるけど、働にはないよ

針にはあるけど、糸にはなくて、

捨にはあるけど、拾にはないのよ

答《こた》えは18ページ。

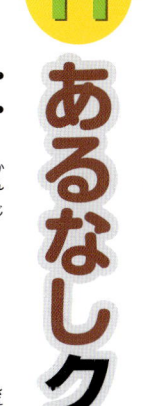

漢字《かんじ》の組《く》み立《た》てや部首《ぶしゅ》を探《さぐ》る

答《こた》え 6～11

6 発見《はっけん》！文字《もじ》の計算式《けいさんしき》

タ＋タ＝多
へ＋ラ＝今
サ＋イ＋ヒ＝花
ホ＋へ＋サ＝茶
サ＋ナ＋ロ＝若
シ＋ロ＋チ＝活

ネ＋ロ＋ル＝祝
イ＋二＋ム＝伝
ワ＋ツ＋カ＝労
ク＋ヨ＋心＝急
シ＋リ＋貝＝測
木＋井＋再＝構

路－足＋門＝閣
肉－人＋糸＝納
巻－己＋力＋月＝勝

7 解読《かいどく》！文字《もじ》の関係図《かんけいず》

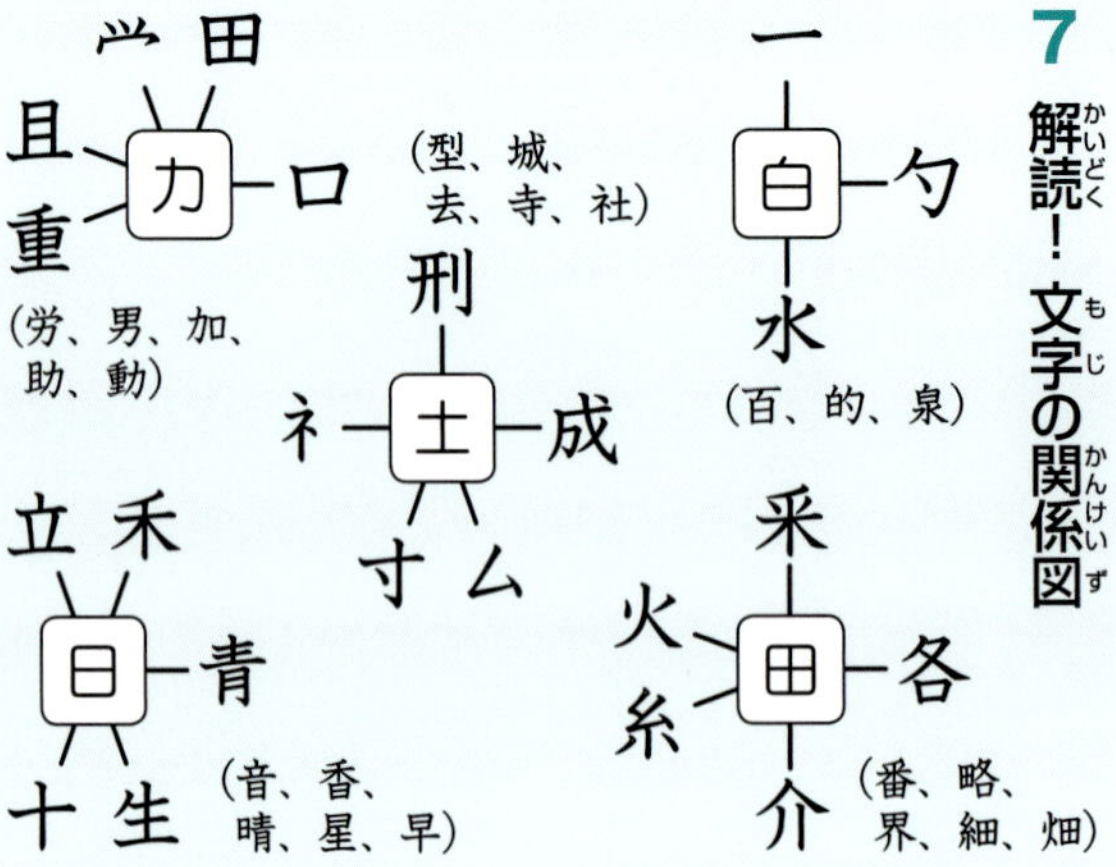

白
一
勺
水
（百、的、泉）
力
⺌
田
且
口
重
（労、男、加、助、動）
土
刑
成
ネ
寸
ム
（型、城、去、寺、社）
田
釆
各
火
糸
介
（番、略、界、細、畑）
日
立
禾
青
十
生
（音、香、晴、星、早）

8 ザ・ぴったりパーツランド

① □

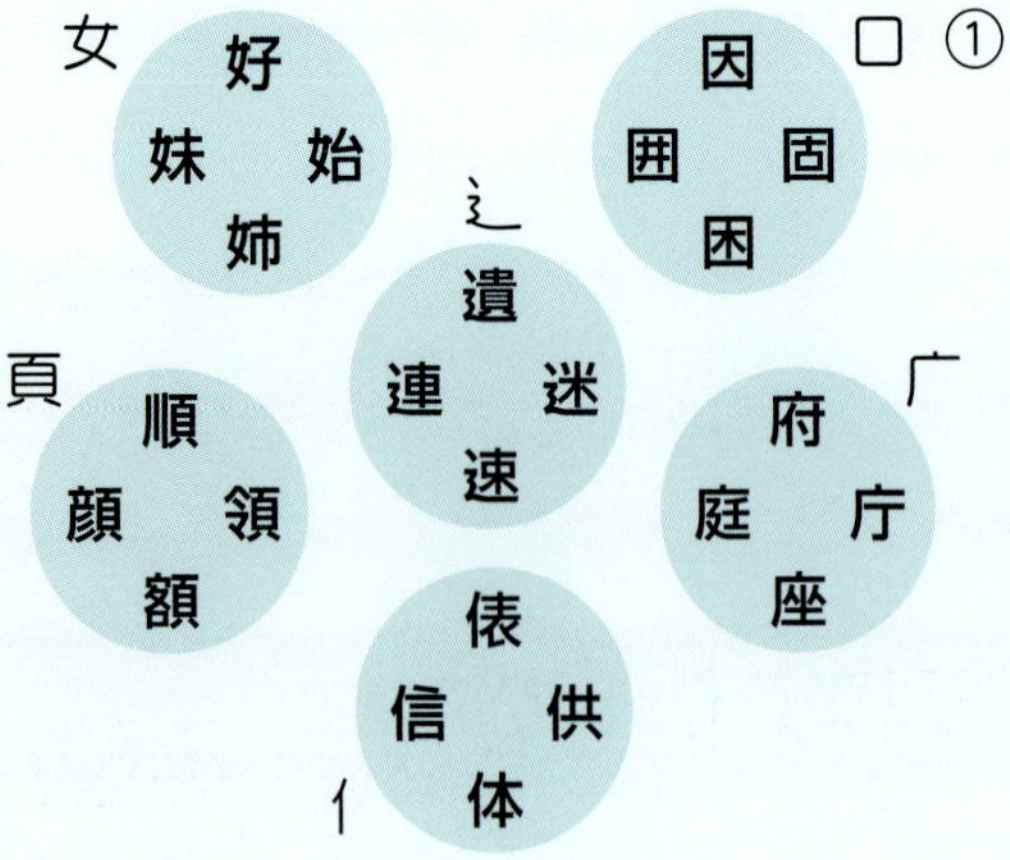

女
好
妹
始
姉
因
囲
固
困
辶
遺
連
迷
速
頁
順
顔
領
額
广
府
庭
庁
座
亻
俵
信
供
体

② いちばん多《おお》く使《つか》われたかんむり「くさかんむり」

⺮…節、答、箇
⺾…菜、英、荷、著、芽
宀…宗、容、完、察

③ いちばん多《おお》く使《つか》われたへん「いとへん」

忄…快、情、性、慣
糸…紅、絵、紀、絶、続、績、縮
木…村、板、机
禾…私、秋、移、秘、積
言…討、記、誌、読、誕

クイズ6～11は、漢字《かんじ》をバラバラに分解《ぶんかい》して遊《あそ》びましたね。

④

鮮魚　植木　挙手
火災　雷雨　感心　田畑
明日　生産　土地　努力
子孫　岩石　絹糸　車輪

9 まか不思議《ふしぎ》な漢字《かんじ》バラバラ事件《じけん》

①貨、賀、賛
②時、待、得
③批、指、能
④湖、潮、準
⑤熱、勢、煮

10 この木《き》なんの木《き》？

操　集　新
休　村
禁　査　想

11 あるなしクイズ

①漢字《かんじ》の形《かたち》が、左右対称《さゆうたいしょう》の形《かたち》になっている。

②漢字《かんじ》の中《なか》に、日、月、火、水、木、金、土（曜日《ようび》）がある。

部首《ぶしゅ》をたくさん知《し》ろう

　クイズを解《と》いて、漢字《かんじ》一文字《いちもじ》の中《なか》にも、いろいろなパーツ(漢字《かんじ》の一部分《いちぶぶん》)があることがわかりましたね。なかには同《おな》じパーツを持《も》っている漢字《かんじ》もあります。このように、同《おな》じ部分《ぶぶん》を持《も》っている漢字《かんじ》たちをグループにして区別《くべつ》してみると便利《べんり》だと思《おも》いませんか?

　例《たと》えば、「木」というパーツを持《も》つグループの漢字《かんじ》なら「木《き》に関係《かんけい》する意味《いみ》があるのかな」、「言」というパーツを持《も》つグループの漢字《かんじ》なら「何《なに》かしゃべることに関係《かんけい》があるのかな」と推理《すいり》できます。

　そのような漢字《かんじ》の意味《いみ》を表《あらわ》す一部《いちぶ》分《ぶん》のことを「部首《ぶしゅ》」といいます。左《ひだり》の表《ひょう》には、部首《ぶしゅ》の位置《いち》による分類《ぶんるい》と、主《おも》な部首《ぶしゅ》をのせました。

へん	仕 にんべん	妹 おんなへん	役 ぎょうにんべん	快 りっしんべん	打 てへん	池 さんずい
	村 きへん	神 しめすへん	秋 のぎへん	複 ころもへん	級 いとへん	語 ごんべん
つくり	別 りっとう	助 ちから	形 さんづくり	都 おおざと	新 おのづくり	料 とます
かんむり	官 うかんむり	空 あなかんむり	草 くさかんむり	発 はつがしら	算 たけかんむり	雪 あめかんむり
あし	兄 ひとあし	照 れっか れんが	思 こころ			
にょう	建 えんにょう	道 しんにょう しんにゅう	放 ぼくにょう ぼくづくり	起 そうにょう		
たれ	原 がんだれ	店 まだれ	病 やまいだれ			
かまえ	区 かくしがまえ	包 つつみがまえ	国 くにがまえ	式 しきがまえ	術 ゆきがまえ ぎょうがまえ	開 もんがまえ

昔《むかし》ながらの漢字《かんじ》遊《あそ》び

　分解《ぶんかい》するといくつものパーツが現《あらわ》れる、そんな漢字《かんじ》の特徴《とくちょう》をうまく活《い》かした表現《ひょうげん》は昔《むかし》から多《おお》くありました。13ページで紹介《しょうかい》した「吾唯知足」もそのひとつです。工夫《くふう》をこらした漢字《かんじ》のデザインは、パズルのようですね。

歌字《うたじ》づくし

　まぎらわしい漢字《かんじ》を覚《おぼ》えやすいように和歌《わか》にしたものを「歌字《うたじ》づくし」といいます。江戸時代《えどじだい》の学《がく》者《しゃ》はこれで漢字《かんじ》を覚《おぼ》えたとか。漢《かん》字《じ》を歌《うた》にして覚《おぼ》えるなんて、しゃれていると思《おも》いませんか?

> 点打《てんう》てば
> 水《みず》は氷《こおり》に木《き》は本《ほん》よ
> 大《だい》に点《てん》あり犬《いぬ》と読《よ》むなり

点《てん》をつけると水《みず》は氷《こおり》になり、木《き》は本《はん》になる。大《だい》に点《てん》がつくと犬《いぬ》になる。

> 金《きん》は銀《ぎん》、目《め》こそ眼《まなこ》に、
> 木《き》は木《き》の根《ね》、
> 心《こころうら》恨むる、こざと限《かぎ》りに

艮の左側《ひだりがわ》に金《きん》がつくと銀《ぎん》、目《め》がつくと眼《がん》、木《き》がつくと根《こん》、心《こころ》(りっしんべん)がつくと恨《こん》、こざとへんがつくと限《げん》になる。

長寿《ちょうじゅ》のお祝《いわ》い

　元気《げんき》でいてほしいという思《おも》いをこめて、長生《ながい》きしたおじいちゃん、おばあちゃんをお祝《いわ》いするならわしを「賀寿祝《がじゅいわ》い」といいます。お祝《いわ》いの年齢《ねんれい》にはそれぞれおめでたい漢字《かんじ》が当《あ》てられていますが、実《じつ》はその漢字《かんじ》には、お祝《いわ》いの年齢《ねんれい》の由来《ゆらい》もかくれているのです。

- 喜寿《きじゅ》　喜 → 㐂 → 七十七 → 77歳《さい》
- 傘寿《さんじゅ》　傘 → 仐 → 八十 → 80歳《さい》
- 米寿《べいじゅ》　米 → 米 → 八十八 → 88歳《さい》
- 卒寿《そつじゅ》　卒 → 卆 → 九十 → 90歳《さい》
- 白寿《はくじゅ》　白 → 百 ひく 一 → 99歳《さい》

漢字《かんじ》を
省略《しょうりゃく》して書《か》いたり、
分解《ぶんかい》したりして
いるんですね。

12 ゆらゆら漢字《かんじ》の由来《ゆらい》当《あ》てクイズ

漢字《かんじ》がただよう、ちょっとおかしな海《うみ》の中《なか》にやって来《き》ました。①〜⑩の由来《ゆらい》が、どの漢字《かんじ》のものかを当《あ》てましょう。

①山道《やまみち》を登《のぼ》りつめて、下《くだ》りにかかる場所《ばしょ》を表《あらわ》している。道祖神《どうそじん》に旅《たび》の安全《あんぜん》をいのった。

②麻《ま》と呂《ろ》を合《あ》わせて一文字《いちもじ》にした字《じ》。昔《むかし》、男子《だんし》の呼《よ》び名《な》に使《つか》われた言葉《ことば》。

③服装《ふくそう》や言葉《ことば》づかいに対《たい》する心《こころ》がけをして、身《み》を美《うつく》しくすることから。

④ひな鳥《どり》が飛《と》べるようになるために、羽《はね》をパタパタ動《うご》かしている様子《ようす》。

⑤昔《むかし》は山野《さんや》を焼《や》いて、新《あたら》しく作《つく》っていたことから。

⑥木《き》の間《あいだ》からお日様《ひさま》が顔《かお》を出《だ》している形《かたち》を表《あらわ》している。

⑦体《からだ》を折《お》り曲《ま》げたリュウの形《かたち》がもとになっている。

⑧口《くち》を開《あ》けている、横向《よこむ》きの人《ひと》の形《かたち》からできた。

⑨風《かぜ》が止《や》むと海《うみ》の波《なみ》が静《しず》かになることから。

⑩神様《かみさま》に関《かん》する行事《ぎょうじ》で使《つか》う木《き》のこと。

九《きゅう》　凪《なぎ》　躾《しつけ》　欠《あくび》　麿《まろ》　畑《はたけ》　榊《さかき》　東《ひがし》　峠《とうげ》　習《しゅう》

13 へい おまち！ うおへんの回転《かいてん》ずし

あれあれ？　魚《さかな》の漢字《かんじ》の右側《みぎがわ》だけがお皿《さら》にのっていますよ。うおへん（魚）をつけるとなんの魚《さかな》になるかを考《かんが》えて、一《いち》～八《はち》のクイズに答《こた》えましょう。

例《れい》　雪《ゆき》にうおへんをつけると、鱈《たら》。

おしながき

一、**まぐろ**は何皿《なんさら》？
二、**たい**は何皿《なんさら》？
三、**あじ**は何皿《なんさら》？
四、**いわし**は何皿《なんさら》？
五、**さば**は何皿《なんさら》？
六、**かつお**は何皿《なんさら》？
七、**さけ**は何皿《なんさら》？
八、**さわら**は何皿《なんさら》？

答《こた》えは26ページ。

14 絵文字《えもじ》の島《しま》で知恵比《ちえくら》べ

ゴツゴツの島《しま》で出会《であ》ったのは、６つの絵文字《えもじ》。すべての漢字《かんじ》がわかるかな？　太陽《たいよう》と月《つき》の絵《え》が並《なら》んでいたら「明」になる方法《ほうほう》で解《と》きましょう。

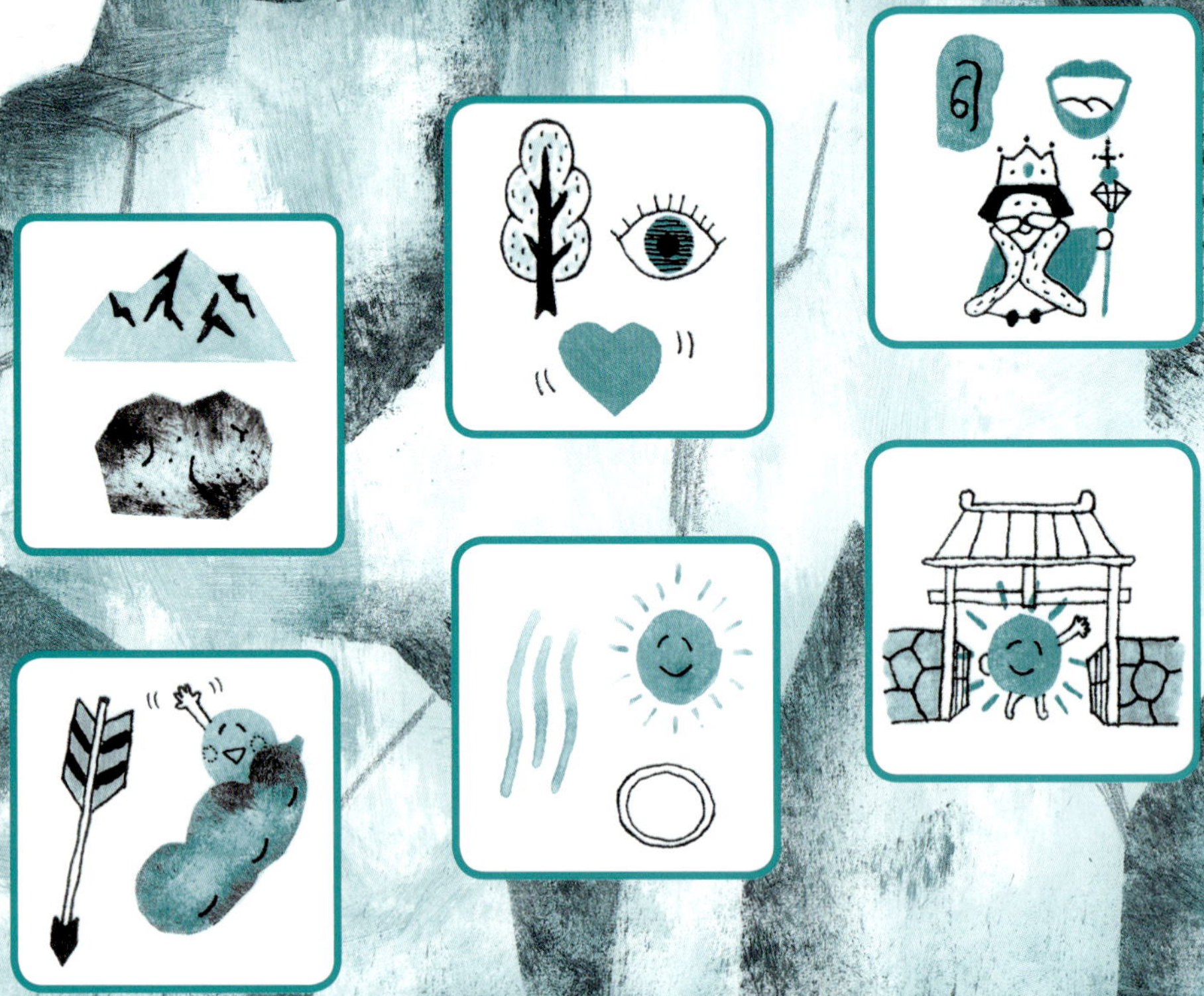

15 動物《どうぶつ》がにげたぞ！

虫《むし》、魚《さかな》、鳥《とり》、犬《いぬ》、羊《ひつじ》、牛《うし》、馬《うま》、象《ぞう》。漢字《かんじ》の中《なか》にいた動物《どうぶつ》が、にげてしまいました。まだこの島《しま》の中《なか》にいるので、急《いそ》いでもとの位置《いち》にもどしましょう。一字一回《いちじいっかい》しか使《つか》えませんよ。

16 しん入《にゅう》者《しゃ》はだれ？

あることが共通《きょうつう》している漢字《かんじ》を、4つずつ集《あつ》めました。けれども、それぞれひとつだけ、関係《かんけい》のない漢《かん》字《じ》がまぎれこんでいます。それは、どれでしょう？

答《こた》えは26ページ。

17 漢字《かんじ》なぞ解《と》き五七五《ごしちご》

「ムの心《こころ》」!? 「ノツワさん」!? なぞなぞ仕立《じた》ての五七五《ごしちご》に挑戦《ちょうせん》! 左《ひだり》の例《れい》にならって、20こ解《と》いてね。

例《れい》 心《こころ》から 口《くち》を大《おお》きく あけてみる→「恩」

1
王《おう》さまが
求《もと》めるものは
これですぞ

2
穴《あな》の下《した》
おちているのは
ムの心《こころ》

3
米《こめ》つぶを
八《やっ》つにきれる
刀《かたな》です

4
兄二人《あにふたり》
どっちもかみのけ
立《た》てている

5
目《め》を横《よこ》に
むけたらそいつに
非《ひ》があるよ

6
雨《あめ》だよと
伝《つた》えて人《ひと》は
いなくなる

7
ム！ 月《つき》だ！
ヒヒとわらった
下心《したごころ》

8
頭《あたま》から
豆《まめ》がおちたら
客《きゃく》がきた

9
根《ね》っこから
木《き》をひっこぬき
お金《かね》でた

10
誠《まこと》なら
皿《さら》においたら
言《い》うことなし

イカの中《なか》
重《おも》りを入《い》れたら
どうなるの

11

竹《たけ》の束《たば》
束《たば》から一本《いっぽん》
抜《ぬ》け落《お》ちた

12

潮《しお》をみる
朝《あさ》から夜《よる》に
なりました

13

曲《ま》がってる
豆《まめ》などぜったい
たべません

14

幸《しあわ》せが
月《つき》に代《か》わった
そんな服《ふく》

15

しんぱいで
立《た》つ木《き》のそばで
見《み》ているよ

16

上《うえ》以外《いがい》
かこまれた田《た》に
丁《ティー》生《は》えた

17

ノツワさん
心《こころ》をターに
つたえたい

18

貝《かい》がらを
まっぷたつにして
なか同《おな》じ

19

行《い》くとちゅう
土《つち》をふたつも
みかけたよ

20

漢字《かんじ》の意味《いみ》や由来《ゆらい》を探《さぐ》る

答《こた》え 12〜17

12 ゆらゆら漢字《かんじ》の由来当《ゆらいあ》てクイズ

①峠 ②磨 ③躾 ④習
⑤畑 ⑥東 ⑦九 ⑧欠
⑨凪 ⑩榊

13 へいおまち！ うおへんの回転《かいてん》ずし

①鮪…3皿 ②鯛…1皿
③鯵…2皿 ④鰯…3皿
⑤鯖…1皿 ⑥鰹…2皿
⑦鮭…3皿 ⑧鰆…2皿

※鯵→鯵、鰯→鰯、鯖→鯖、鱈→鱈（例）としています。

14 絵文字《えもじ》の島《しま》で知恵比《ちえくら》べ

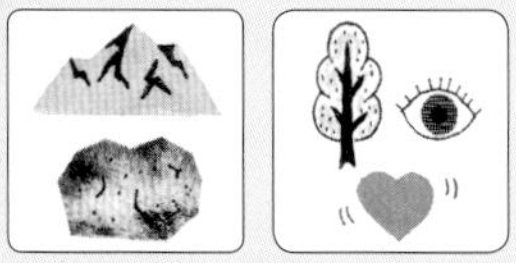

聖　想　岩

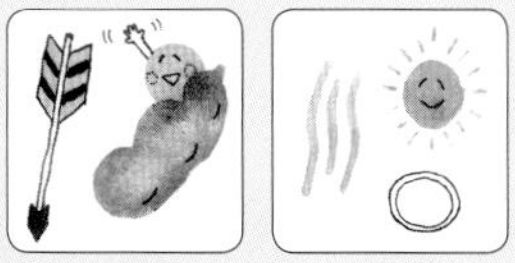

間　温　短

15 動物《どうぶつ》がにげたぞ！

然、鳴、漁、独、
験、像、群、牧

16 しん入者《にゅうしゃ》はだれ？

腹	期
育	肺

期だけ部首《ぶしゅ》がつきへん

関	聞
開	閉

聞だけ部首《ぶしゅ》がみみへん

忠	示
書	恩

他《ほか》には大《おお》きさを表《あらわ》す漢字《かんじ》が入《はい》っている

空	土
水	火

他《ほか》は部首《ぶしゅ》になる字《じ》

語	収
共	究

他《ほか》には漢数字《かんすうじ》が入《はい》っている

歌	唱
談	臨

同《おな》じパーツ（口）が3つある

17 漢字《かんじ》なぞ解《と》き五七五《ごしちご》

①球 ②窓 ③粉
④競 ⑤罪 ⑥雲
⑦態 ⑧額 ⑨銀
⑩盛 ⑪働 ⑫策
⑬液 ⑭豊 ⑮報
⑯親 ⑰画 ⑱愛
⑲興 ⑳街

日本生《にほんう》まれの漢字《かんじ》

クイズ⑫では難《むずか》しい漢字《かんじ》が出《で》てきましたね。しかし由来《ゆらい》を読《よ》んでみると、漢字《かんじ》の形《かたち》と意味《いみ》のつながりに納《なっ》得《とく》したのではないでしょうか。これらのような、難《むずか》しいのにわかりやすい不《ふ》思議《しぎ》な漢字《かんじ》は、「国字《こくじ》」といって日本《にほん》で作《つく》られた漢字《かんじ》なのです。

峠　磨　躾
畑　凪　榊

クイズ⑫では、
この6つの漢字《かんじ》が
国字《こくじ》ですよ。

その他《ほか》の国字《こくじ》

働

人《ひと》＋動《うご》くで「仕事《しごと》をする、機《き》能《のう》すること」を表《あらわ》す。

蛯

虫《むし》（マムシ）に似《に》ていて、老《お》いて背《せ》が曲《ま》がっているようすから。「えび」と読《よ》む。

なぜ「国字《こくじ》」が生《う》まれたのかを考《かんが》えてみましょう。「漢字《かんじ》の起源《きげん》と成《な》り立《た》ちを探《さぐ》る」（10〜11ページ）で、漢《かん》字《じ》は中国《ちゅうごく》で作《つく》られたという話《はなし》をしました。ということは、当時《とうじ》の中国《ちゅうごく》にはなかった物事《ものごと》を表《あらわ》す漢字《かんじ》は、当然《とうぜん》作《つく》られていません。

そうなると、漢字《かんじ》が伝《つた》わった先《さき》の日本《にほん》にしかない物事《ものごと》は、漢字《かんじ》で書《か》き表《あらわ》すことができず、困《こま》ってしまいますね。そこで、「ないならば、作《つく》ってしまおう」と考《かんが》えた日本《にほん》のだれかが、もともとあった漢字《かんじ》をもとに、新《あたら》しい漢字《かんじ》を作《つく》ったのです。

日本《にほん》で作《つく》られた国字《こくじ》ですが、なかには今現在《いまげんざい》、海外《かいがい》で使《つか》われているものもあります。例《たと》えば、「働」は中国語《ちゅうごくご》や韓国語《かんこくご》として使《つか》われていますから、日本《にほん》から輸出《ゆしゅつ》した漢字《かんじ》といえます。

国字《こくじ》を作《つく》るにあたっては、「六書《りくしょ》」（11ページ）の会意《かいい》という作《つく》り方《かた》が多《おお》いようです。簡単《かんたん》にいえば、すでにある漢字《かんじ》の意味《いみ》を考《かんが》えて組《く》み合《あ》わせ、新《あたら》しい意味《いみ》の漢字《かんじ》にする方法《ほうほう》です。みなさんも、新《あたら》しい漢字《かんじ》を作《つく》ってみませんか？

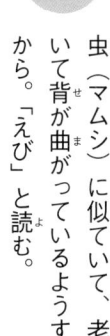

うおへんの漢字《かんじ》の秘密《ひみつ》

海《うみ》に囲《かこ》まれ魚《さかな》の料理《りょうり》も豊富《ほうふ》な日本《にほん》には、うおへんの漢字《かんじ》がたくさんあります。なんともまぎらわしいのですが、その由来《ゆらい》を知《し》るとあら不思議《ふしぎ》。目《め》からうろこの覚《おぼ》えやすさです。おすしを食《た》べるのが楽《たの》しくなりますね。

鯖《さば》　見《み》た目《め》が青《あお》いことから青《あお》（靑）をあてた。

鰹《かつお》　昔《むかし》、干《ほ》した堅《かた》いものを食《た》べることが多《おお》かったころの「堅魚《かつお》」という文字《もじ》から。

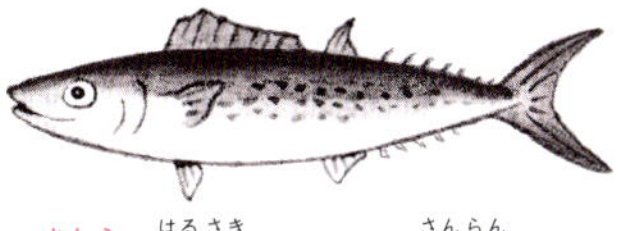

鰆《さわら》　春先《はるさき》になると産卵《さんらん》のために瀬戸内海《せとないかい》に集《あつ》まり、多《おお》くとれることから。

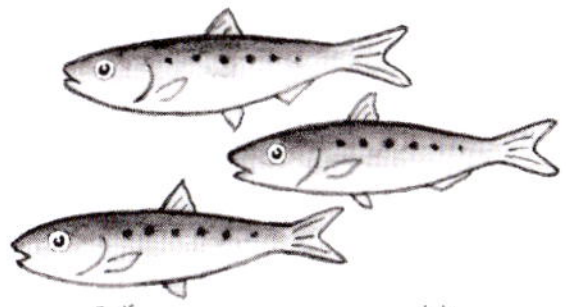

鰯《いわし》　水《みず》あげするとすぐ弱《よわ》り、いたみやすいことから。

鱈《たら》　北洋《ほくよう》でとれる冬《ふゆ》の魚《さかな》なので、雪《ゆき》をあてた。

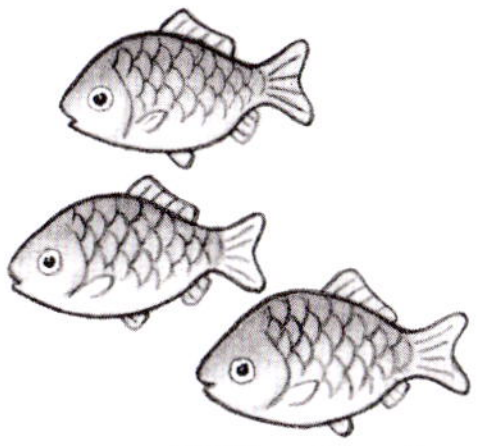

鮒《ふな》　何匹《なんびき》も連《つ》れ立《だ》って泳《およ》ぐので、付をあてた。

鰤《ぶり》　旧暦《きゅうれき》の十二月《じゅうにがつ》「師走《しわす》」が旬《しゅん》でおいしくなるので、師をあてた。

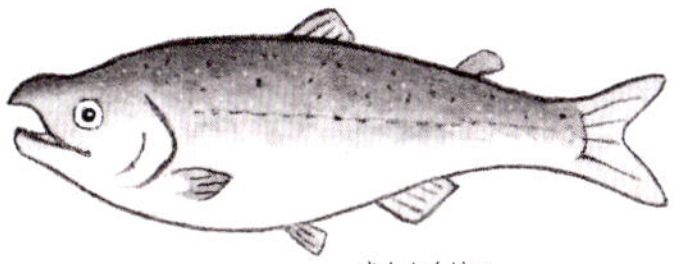

鮭《さけ》　圭には「三角形《さんかくけい》にとがった」「形《かたち》が良《よ》い」という意《い》味《み》があることから。

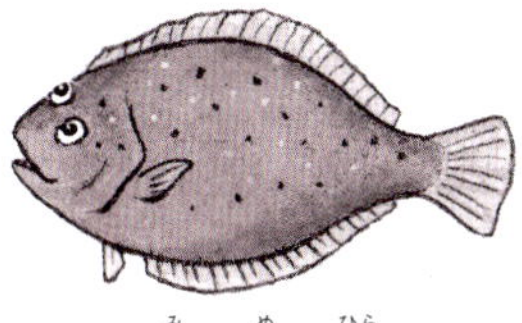

鮃《ひらめ》　見《み》た目《め》が平《ひら》べったいことから。

魚《さかな》と手紙《てがみ》のすてきな関係《かんけい》

鯉《こい》に手紙《てがみ》をそえておくられた「鯉魚尺素《りぎょせきそ》」という故事《こじ》から、「魚」の文字《もじ》が封緘印《ふうかんいん》に使《つか》われるようになりました。封緘印《ふうかんいん》とは、大切《たいせつ》な手紙《てがみ》を送《おく》るとき、封《ふう》をしたところに「〆」や「緘」の文字《もじ》を印《しる》すならわしです。

まちがえやすい部首《ぶしゅ》

「部首《ぶしゅ》のようで部首《ぶしゅ》じゃない」「似《に》ているようでちがう部首《ぶしゅ》」。そんな、部《ぶ》首《しゅ》にまつわるまぎらわしい話《はなし》を集《あつ》めてみました。クイズ⑯にも関係《かんけい》しているお話《はなし》ですよ。

おれたちはもんがまえじゃない

「門」がついている漢字《かんじ》があったら、「あっ、部首《ぶしゅ》はもんがまえだな」と思《おも》ってしまいませんか？　しかし、その漢字《かんじ》の意味《いみ》を考《かんが》えたときに門《もん》より関係《かんけい》の深《ふか》いパーツがある場合《ばあい》は、そちらが部首《ぶしゅ》になるのです。

門《もん》に関係《かんけい》がある。

閉　間

もんがまえ

門《もん》に関係《かんけい》がない。

問　聞

くちへん　みみへん

閉《し》まるのは門《もん》なので
「もんがまえ」、
聞《き》くのは耳《みみ》なので
「みみへん」ですよ。

二《ふた》つの「月」

一見《いっけん》どれも同《おな》じに見《み》える「月」という部首《ぶしゅ》。けれど、成《な》り立《た》ちを調《しら》べると、まったくちがう二種類《にしゅるい》の部首《ぶしゅ》に分《わ》けられるのです。

服望有　朝朗期

空《そら》の月《つき》をもとにできた「つきへん」。月《つき》や時間《じかん》に関《かん》することを表《あらわ》す。

臓育腹　肺腸背

「肉」が変形《へんけい》してできた「にくづき」。人《ひと》や動物《どうぶつ》の肉《にく》や体《からだ》に関《かん》することを表《あらわ》す。

三《みっ》つのお豆《まめ》

さて、問題《もんだい》です。次《つぎ》のうち、「豆」が部首《ぶしゅ》の漢字《かんじ》はどれでしょうか？

ヒント
昔《むかし》は「豆」と書《か》いて容器《ようき》を表《あらわ》しました。そう言《い》われると容器《ようき》に何《なに》かが入《はい》っているように見《み》える漢字《かんじ》も…？

①頭　②豊　③短

正解《せいかい》は②の「豊」。①は「頁（おおがい）」、③は「矢（やへん）」が部首《ぶしゅ》です。漢字《かんじ》の意味《いみ》と部首《ぶしゅ》の意味《いみ》はつながっているということを覚《おぼ》えておいてくださいね。

18 夜《よ》空《ぞら》いっぱいの漢字《かんじ》

覚　遠　月　王　射　羊　燃　詩　大　晩　曜　座　万　黄　降　青　夜　視　億　等　聖　昔　毎　覧　思

夜空《よぞら》をながめて、次《つぎ》の漢字《かんじ》を探《さが》しましょう。

① 色《いろ》を表《あらわ》す漢字《かんじ》はいくつ？

② 点（「丶」「丨」）をつけるとちがう漢字《かんじ》になるのはいくつ？

③ 「王」がある漢字《かんじ》はいくつ？

④ 「火」がある漢字《かんじ》はいくつ？

⑤ 「日」がある漢字《かんじ》はいくつ？

※③～⑧は、「田」のなかにも「日」があるというような数《かぞ》え方《かた》はしません。

6 「寸」がある漢字《かんじ》はいくつ？

7 「見」がある漢字《かんじ》はいくつ？

8 「心」がある漢字《かんじ》はいくつ？

9 「氵」をつけるとちがう漢字《かんじ》になるのはいくつ？

10 数《かず》の位《くらい》を表《あらわ》す漢字《かんじ》はいくつ？

※クイズで答《こた》えるのは常用漢字《じょうようかんじ》のみです。

 答《こた》えは34ページ。

19 連想《れんそう》クイズビル

このビルには、左《ひだり》のリストのお店《みせ》が入《はい》っています。窓《まど》に見《み》える5つの漢《かん》字《じ》から、それぞれの階《かい》に入《はい》っているお店《みせ》を当《あ》てましょう。

リスト

中華料理店《ちゅうかりょうりてん》
映画館《えいがかん》
美容院《びよういん》
英会話学校《えいかいわがっこう》
うらないの館《やかた》

5F	幕	観	暗	静	字
4F	習	伝	語	異	渡
3F	予	師	迷	導	術
2F	洗	切	整	鏡	話
1F	鉄	油	火	食	円

20 似《に》たもの同士《どうし》ハウス

似《に》ている漢字《かんじ》を2つで一組《ひとく》みにしましょう。その二文字《にもじ》は、熟語《じゅくご》にもなりますよ。

永	作	
望	善	出
道	戦	絵

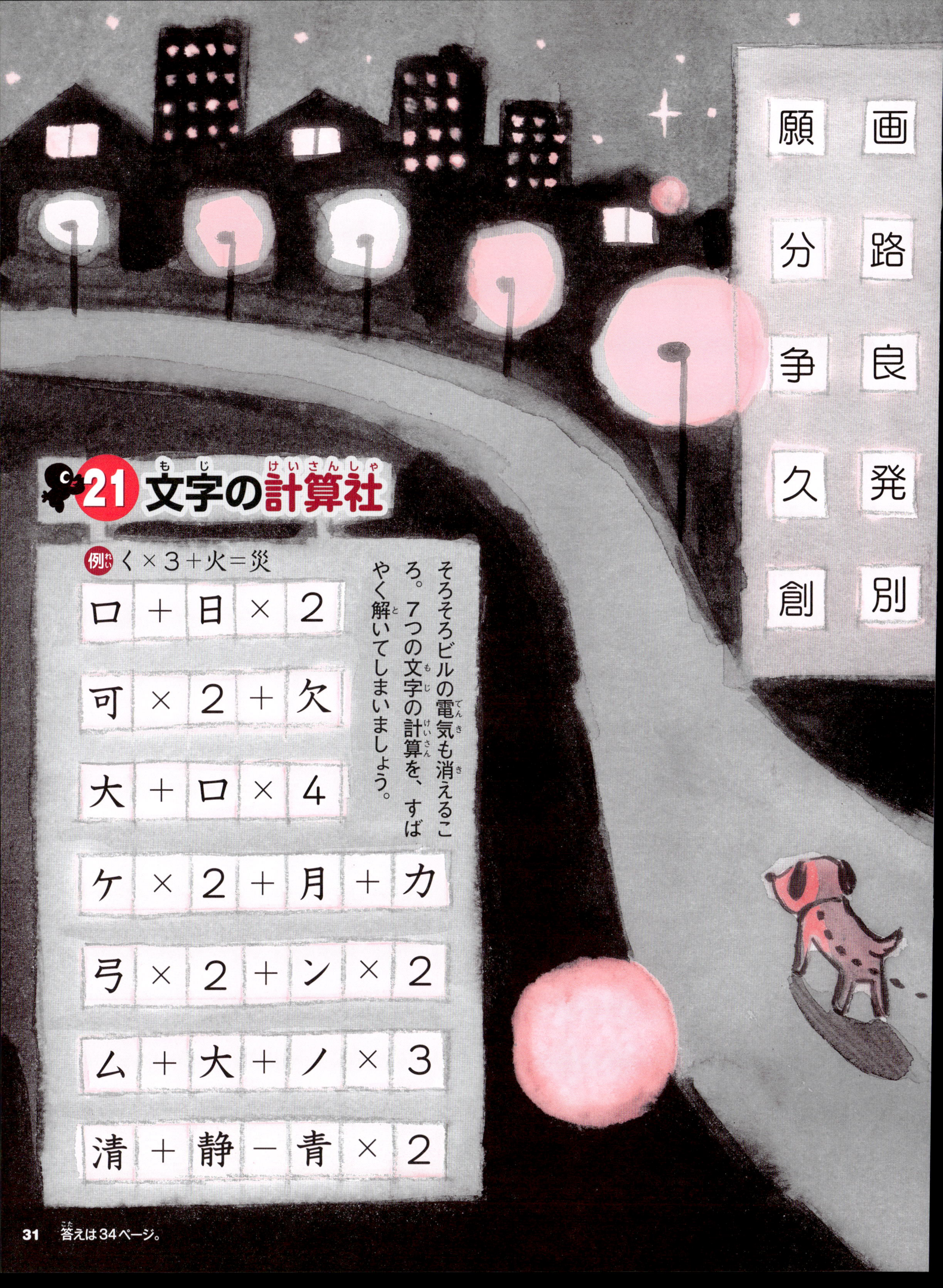

21 文字《もじ》の計算社《けいさんしゃ》

そろそろビルの電気《でんき》も消《き》えるころ。7つの文字《もじ》の計算《けいさん》を、すばやく解《と》いてしまいましょう。

例《れい》 く×3＋火＝災

ロ＋日×2

可×2＋欠

大＋ロ×4

ケ×2＋月＋カ

弓×2＋ン×2

ム＋大＋ノ×3

清＋静－青×2

画　路　良　発　別

願　分　争　久　創

答《こた》えは34ページ。

22 思《おも》い出《で》がつまったおそろいの部首《ぶしゅ》

引《ひ》っこしていった友《とも》だちから、漢字《かんじ》クイズつきの手紙《てがみ》が届《とど》きました。同《おな》じ部首《ぶしゅ》を持《も》つ熟語《じゅくご》を入《い》れて、手紙《てがみ》を完成《かんせい》させましょう。

やあ！　久《ひさ》しぶり。元気《げんき》で過《す》ごしているかい？
小《ちい》さいころは、近所《きんじょ》の［礻］［礻］の境内《けいだい》で、カンけりやおにごっこをして、よく遊《あそ》んだよな。となりの町《まち》にきれいな［女］［女］がいて、顔《かお》を見《み》るために［彳］［彳］もしたね。おまえの家《いえ》に行《い》く［辶］［辶］を発見《はっけん》したときは、ずいぶん得《とく》をした気持《きも》ちになったよ。

そうそう、家《いえ》の蔵《くら》から［宀］［宀］のつぼを持《も》ち出《だ》してこわしてしまって、こっぴどくしかられたこともあったっけ。キクとかユリとかいろいろな［艹］［艹］がえがかれていたやつ。そのころは［亻］［亻］もわからなかったけど、そうとう高《たか》かったらしい。

とにかく、おまえとはいい［木］［木］だったよ。こっちに来《き》たときは必《かなら》ず連絡《れんらく》くれよな。じゃあ、またな！

23

ご利益《りやく》ありそう!

寺町迷路《てらまちめいろ》

9つのお寺《てら》をめぐり、縁起《えんぎ》の良《よ》い漢字《かんじ》が入《はい》ったお守《まも》りをもらう迷路《めいろ》です。五番目《ごばんめ》にもらったお守《まも》りの文字《もじ》を答《こた》えてね。ルールをよく読《よ》んで、スタート!

答《こた》えは34ページ。

漢字《かんじ》の世界《せかい》をもっと広《ひろ》げる

答《こた》え 18～23

18 夜空《よぞら》いっぱいの漢字《かんじ》

①5つ（赤、青、黒、黄、緑）
②4つ（九→丸、万→方、王→玉または主、大→犬または太）
③3つ（王、望、聖）
④2つ（灯、燃）
⑤9つ（混、曜、晩、映、昔、識、星、億、時）
⑥6つ（詩、尊、射、樹、守、等）
⑦3つ（覧、視、覚）
⑧6つ（悲、恩、思、応、忘、億）
⑨7つ（永→泳、青→清、羊→洋、毎→海、谷→浴、去→法、夜→液）
⑩4つ（千、万、億、兆）

19 連想《れんそう》クイズビル

1階《かい》 中華料理店《ちゅうかりょうりてん》
2階《かい》 美容院《びよういん》
3階《かい》 うらないの館《やかた》
4階《かい》 英会話学校《えいかいわがっこう》
5階《かい》 映画館《えいがかん》

20 似《に》たもの同士《どうし》ハウス

善良《ぜんりょう》、創作《そうさく》、出発《しゅっぱつ》、戦争《せんそう》、願望《がんぼう》、
永久《えいきゅう》、道路《どうろ》、分別《ふんべつ》、絵画《かいが》

21 文字《もじ》の計算社《けいさんしゃ》

ロ＋日×２＝唱
可×２＋欠＝歌
大＋ロ×４＝器
ケ×２＋月＋カ＝筋
弓×２＋ン×２＝弱
ム＋大＋ノ×３＝参
清＋静－青×２＝浄

※小学校で習わない漢字
浄（ジョウ　きよ-い）

22 思《おも》い出《で》がつまったおそろいの部首《ぶしゅ》

神社《じんじゃ》
姉妹《しまい》
往復《おうふく》
近道《ちかみち》
家宝《かほう》
草花《くさばな》
価値《かち》
相棒《あいぼう》

23 ご利益《りやく》ありそう！ 寺町迷路《てらまちめいろ》

五番目《ごばんめ》に通《とお》ったのは… 松

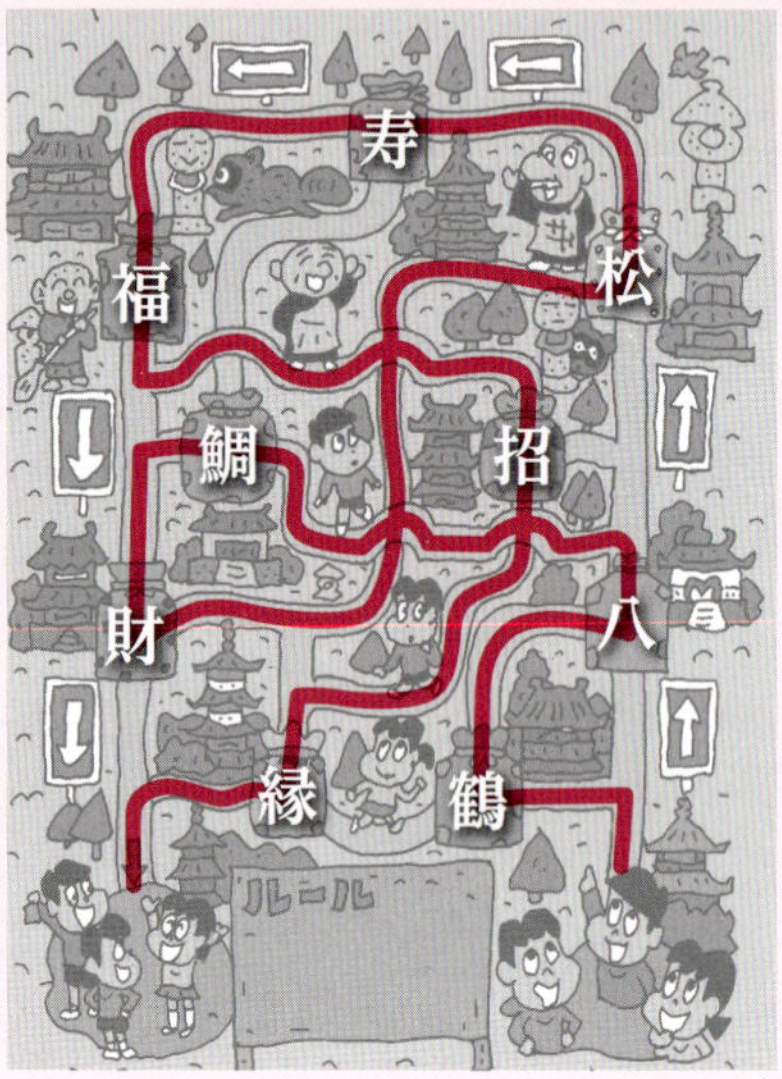

縁起《えんぎ》の良《よ》い漢字《かんじ》の話《はなし》

お正月《しょうがつ》にしめかざりや門松《かどまつ》をかざり、災《わざわ》いをはらったり福《ふく》を招《まね》き入《い》れたりするのは、日本《にほん》に古《ふる》くからある風習《ふうしゅう》です。日本《にほん》には、縁起物《えんぎもの》と呼《よ》ばれるめでたいものがたくさんありますが、実《じつ》は、漢字《かんじ》にもあるのですよ。

お祝《いわ》いやあいさつなどで好《この》んで使《つか》われる、縁起《えんぎ》の良《よ》い漢字《かんじ》の由来《ゆらい》を見《み》てみましょう。長寿《ちょうじゅ》や健康《けんこう》を願《ねが》う、昔《むかし》の人《ひと》の思《おも》いも見《み》えてきますね。

鶴 亀

「鶴《つる》は千年《せんねん》、亀《かめ》は万年《まんねん》」ということわざから、長寿《ちょうじゅ》の象徴《しょうちょう》である。

鯛

読《よ》みの「タイ」が「めでたい」に通《つう》じるため。また、鯛《たい》の赤《あか》は、日本《にほん》でめでたい色《いろ》とされている。

松 竹 梅

3つとも寒《さむ》さにたえる木《き》であり、松《まつ》は寿命《じゅみょう》が長《なが》く、竹《たけ》は丈夫《じょうぶ》で、梅《うめ》は冬《ふゆ》でも花《はな》をさかすため。

八

八《はち》の形《かたち》が、下《した》にいくほど広《ひろ》がり、「しだいに栄《さか》える」という意味《いみ》の末広《すえひろ》がりに通《つう》じるため。

漢字《かんじ》の意味《いみ》は部首《ぶしゅ》にあり

クイズ㉒では、「姉妹《しまい》」「往復《おうふく》」「草花《くさばな》」など、同《おな》じ部首《ぶしゅ》を持《も》つ熟語《じゅくご》が出《で》てきました。

「漢字《かんじ》の組《く》み立《た》てや部首《ぶしゅ》を探《さぐ》る」（18〜19ページ）でも少《すこ》しふれましたが、部首《ぶしゅ》はそれぞれ意味《いみ》を持《も》っています。そして、「聞」の部首《ぶしゅ》が「みみへん」であるように、意味《いみ》を持《も》っているパーツがたいてい部首《ぶしゅ》になります。いろいろな部首《ぶしゅ》の意味《いみ》を知《し》ることで、見《み》たことのない漢字《かんじ》に出会《であ》っても、何《なに》を表《あらわ》しているのかがなんとなくわかるようになるかもしれません。

それでは、部首《ぶしゅ》に秘《ひ》められた意味《いみ》をいくつか紹介《しょうかい》しましょう。

艹【くさかんむり】
草花《くさばな》やそれを原材料《げんざいりょう》としたもの。
花　芽　薬

氵【さんずい】
水《みず》に関《かん》するもの。水《みず》の動《うご》きや変化《へんか》。
海　池　波

心【こころ】
心《こころ》の動《うご》きに関《かん》すること。
想　悲　忘

刂【りっとう】
刀《かたな》や切《き》ることを意味《いみ》する。
刻　別　割

衣【ころも】
服《ふく》や布地《ぬのじ》に関《かん》するもの。
装　裁　製

灬【れっか】
火《ひ》を意味《いみ》する。「れんが」ともいう。
熱　照　燃

山【やまかんむり】
山《やま》に関《かん》するもの。険《けわ》しさを表《あらわ》すことも。
岩　岸　嵐

宀【うかんむり】
家屋《かおく》に関《かん》するもの。屋根《やね》を表《あらわ》している。
家　宿　安

単位《たんい》を表《あらわ》すおもしろ国字《こくじ》

粍 ミリメートル	糎 センチメートル	粁 キロメートル
瓱 ミリグラム	甅 センチグラム	瓩 キログラム
竓 ミリリットル	竰 センチリットル	竏 キロリットル

メートル法やグラム、リットルなど、計量単位《けいりょうたんい》を漢字一文字《かんじいちもじ》で表《あらわ》した国字《こくじ》（26ページ）があります。上《うえ》の漢《かん》字《じ》をよく見《み》てください。共通点《きょうつうてん》がわかりますか？　「毛」は千分《せんぶん》の一《いち》、「厘」は百分《ひゃくぶん》の一《いち》、「千」は千倍《せんばい》を表《あらわ》しています。それを、部首《ぶしゅ》の「米＝メートル」「瓦＝グラム」「立＝リットル」と組《く》み合《あ》わせたのですね。

似《に》たもの同士《どうし》の漢字《かんじ》

漢字《かんじ》を作《つく》っているパーツはちがうけれど、意味《いみ》が似《に》ているものがあります。クイズ⑳の「善」と「良」や、「創」と「作」などです。「善」は行《おこな》いや心《こころ》がけのよさに、「良」は優《すぐ》れているという意味《いみ》で使《つか》われます。それぞれわずかなちがいですが、使《つか》い分《わ》けると、国語《こくご》がますます楽《たの》しくなりますよ。

100点
テスト
良
善

やってみよう　漢字《かんじ》で遊《あそ》ぼう！

漢字《かんじ》の形《かたち》を見《み》るだけで楽《たの》しめる漢字遊《かんじあそ》びです。ヒラメキがカギですよ！

❶ **東**の中《なか》には、漢字《かんじ》がいくつある？

❷ **日**に一画足《いっかくた》すと、どんな漢字《かんじ》ができる？

❶の答《こた》え

「一」「十」「古」「日」「田」などたくさん見《み》つかりましたか？「円」や「力」や「車」のように多少無理《たしょうむり》があっても、漢字《かんじ》に見《み》えたらOK《オーケー》！　なんと三十種類《さんじっしゅるい》以上《いじょう》の漢字《かんじ》がかくれています。

❷の答《こた》え

八種類《はっしゅるい》できます。「田」「目」「白」は朝飯前《あさめしまえ》ですね。「甲」「由」「申」はちょっと難《むずか》しい。残《のこ》りの2つは「旧」「旦」です。

8つ全部作《ぜんぶつく》れたら、今度《こんど》は二《に》画足《かくた》してできる漢字《かんじ》に挑戦《ちょうせん》してみるのもおもしろいですね。

24

文字《もじ》の地層《ちそう》を調査《ちょうさ》する！

ひらがなとカタカナの文字《もじ》がうまっている地層《ちそう》にやって来《き》ました。一番下《いちばんした》の地層《ちそう》が、それぞれのもとになった字《じ》です。上《うえ》にいくにつれて現在《げんざい》の形《かたち》になっていますよ。地層《ち》をよく見《み》て、❶～❺に入《はい》る字《じ》の形《かたち》をリストから選《えら》びましょう。

答《こた》えは46ページ。

25 おもしろ万葉《まんよう》がな

これは、本当《ほんとう》にあった昔《むかし》の読《よ》み方《かた》です。周《まわ》りのセリフもヒントにして、読《よ》み方《かた》をリストから選《えら》びましょう。

① 蜂音

ハチの音《おと》だよ

② 牛鳴

牛《うし》の鳴《な》き声《ごえ》。昔《むかし》の人《ひと》には、こんなふうに聞《き》こえていたんだね

③ 十六

④ 八十一

昔《むかし》の人《ひと》は、すでに「九九《くく》」を知《し》っていたんだ！

⑤ 向南山

南《みなみ》の向《む》かいの山《やま》って？

⑥ 山上復有山

山《やま》と山《やま》を重《かさ》ねると…？

リスト

む　しし　きたやま　いで(出)　くく　ぶ

26 迷子《まいご》のカタカナはどれ？

■の場所《ばしょ》にいた、漢字《かんじ》の一部分《いちぶぶん》だったカタカナを見《み》つけてください。すべてのカタカナを、無事《ぶじ》にもとの漢字《かんじ》にもどしてね。

27 昔《むかし》ばなしのカタカナ探《さが》し

花《はな》さかじいさんの絵《え》の中《なか》に、カタカナがまぎれこんでしまいました。下《した》の言葉《ことば》をすべて見《み》つけてくださいな。

かくれているカタカナ

モモ　サルカニ　イッスン　オムスビ　カチカチ

答《こた》えは46ページ。

28 みんなのひらがな・万葉《まんよう》がなカルタ

小学校生活《しょうがっこうせいかつ》における、「そういうこと、あるある！」という出来事《できごと》をカルタにしました。取《と》り札《ふだ》は「万葉《まんよう》がな」になっているので気《き》をつけてね。「い」～「ぬ」のことがらをヒントに、札《ふだ》を取《と》りましょう。

い　たずらされた有名人《ゆうめいじん》

ろ　うかは第二《だいに》の校庭《こうてい》

は　いごに感《かん》じるプレッシャー

に　おいだけでお腹《なか》へる

ほ　れた女子《じょし》についいじわる

へ　んな顔《かお》して笑《わら》わせないで

と　なりの子《こ》とはもちつもたれつ

ち　いさくなったランドセル

りょこうの前日《ぜんじつ》 目《め》がギンギン

ぬれ手《て》をズボンでふく

答《こた》えは46ページ。

29 一《いち》文《も》字《じ》ヒント！ これな～んだ？

1～6は、あるものを上《うえ》から見《み》た図《ず》です。そして、そこにあるモノの最初《さいしょ》の一文《いちも》字《じ》だけを、ひらがなで書《か》き入《い》れました。それぞれ、何《なに》を表《あらわ》しているのでしょう。

例《れい》

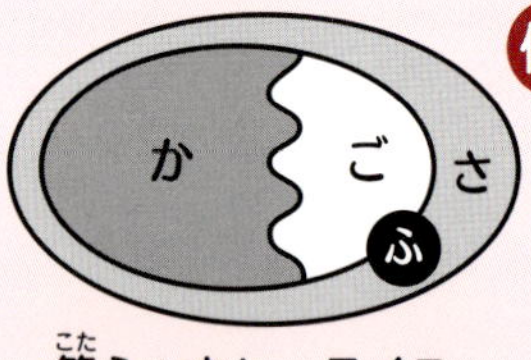

答《こた》え：カレーライス
（か＝カレー、ご＝ごはん、ふ＝福神《ふくじん》づけ、さ＝皿《さら》）

1

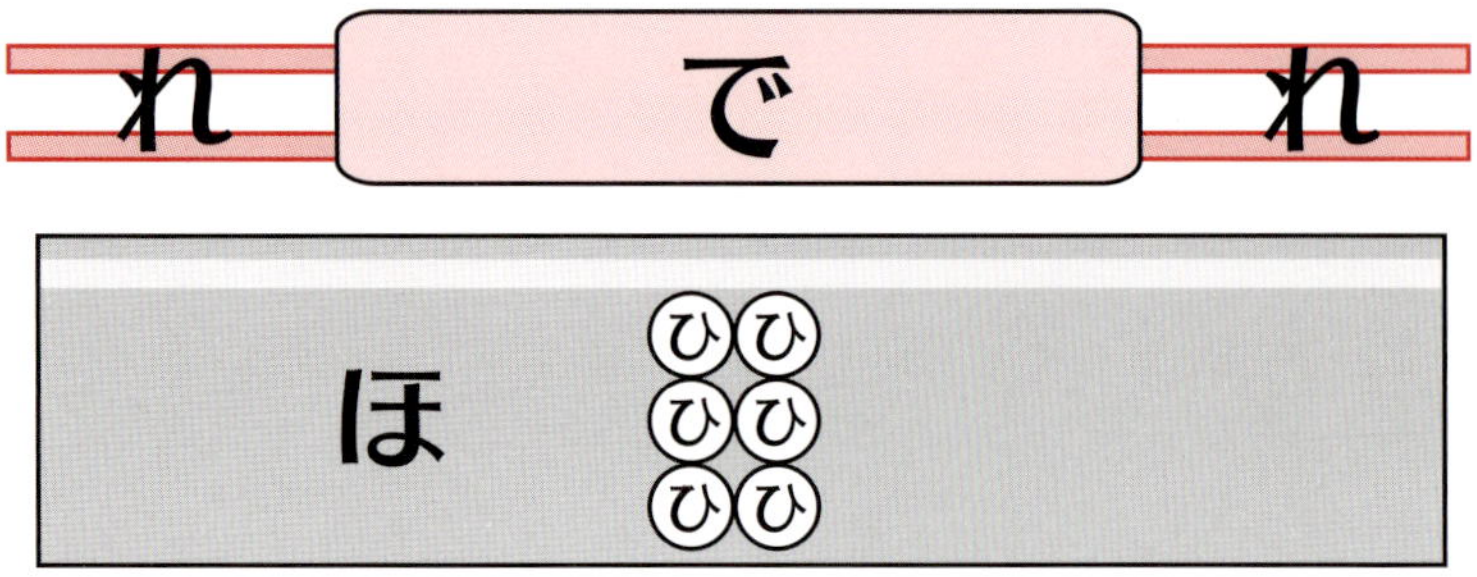

ヒント
- たくさんの「ひ」が「て」に出《で》たり入《はい》ったりしているよ。
- 「か」を通《とお》らないと、ここには入《はい》れないんだ。

2

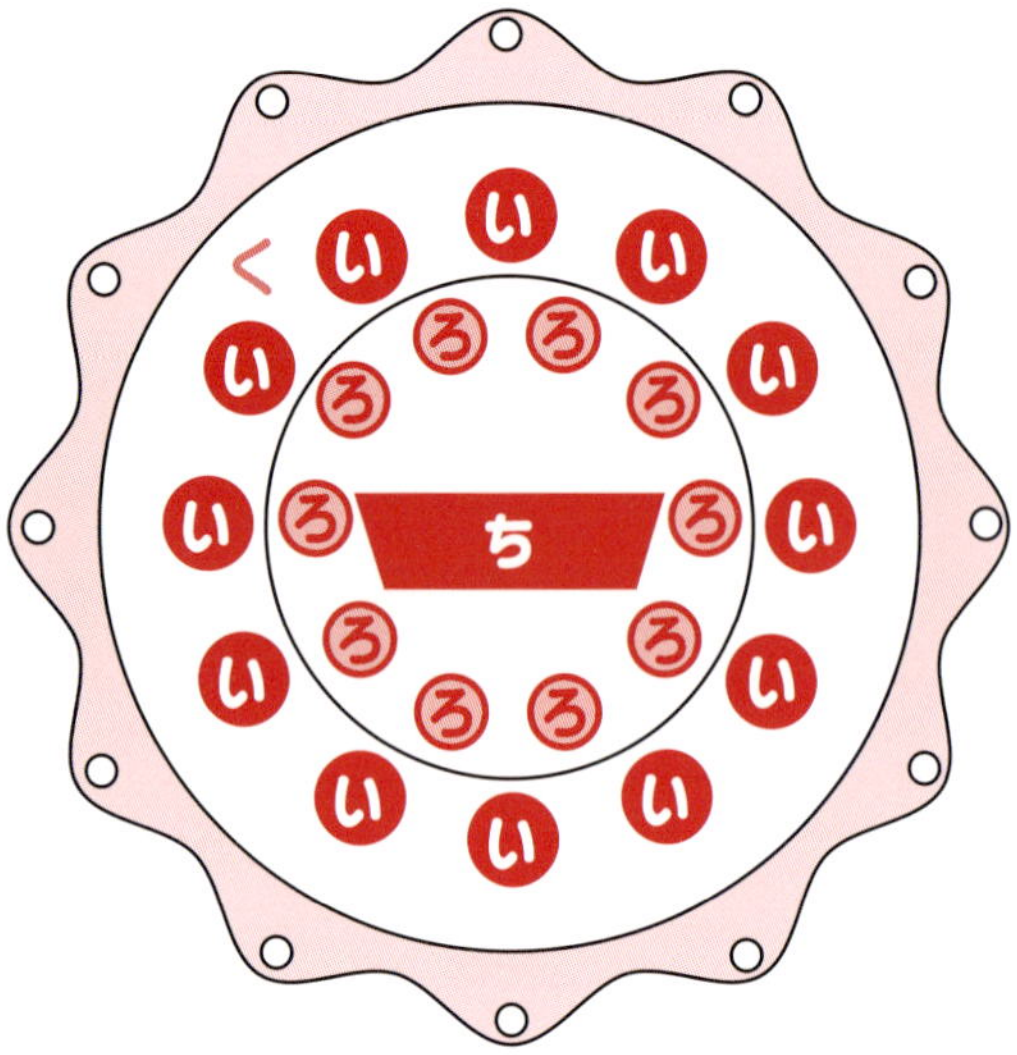

ヒント
- 「ろ」は食《た》べられないよ！
- 「ち」には文字《もじ》が書《か》いてあったりするよ。

3

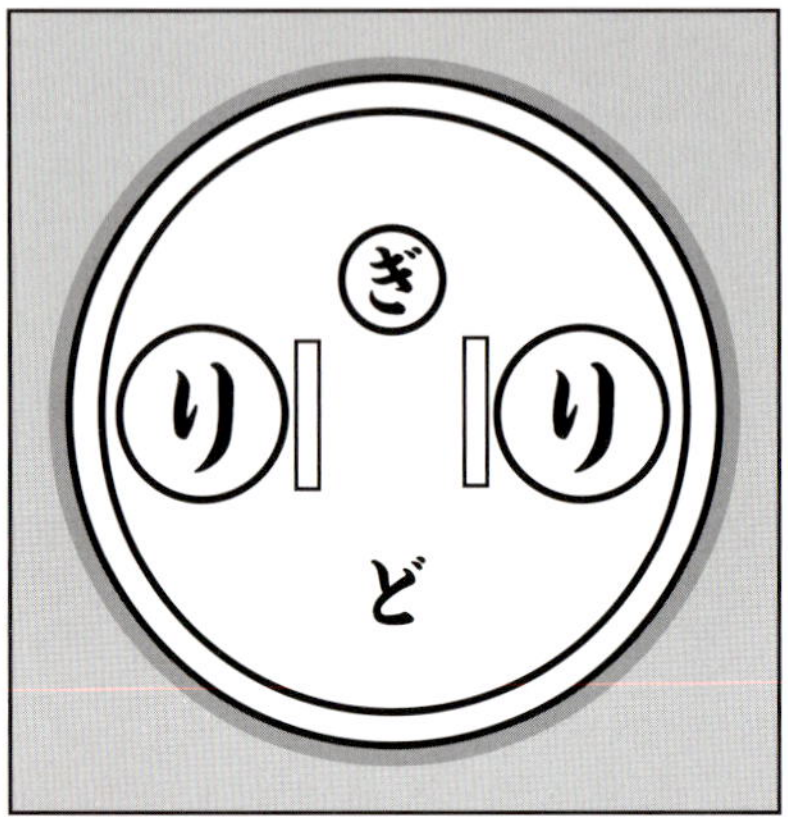

ヒント
- 「ぎ」は「り」のことをよく見《み》ているよ。

4

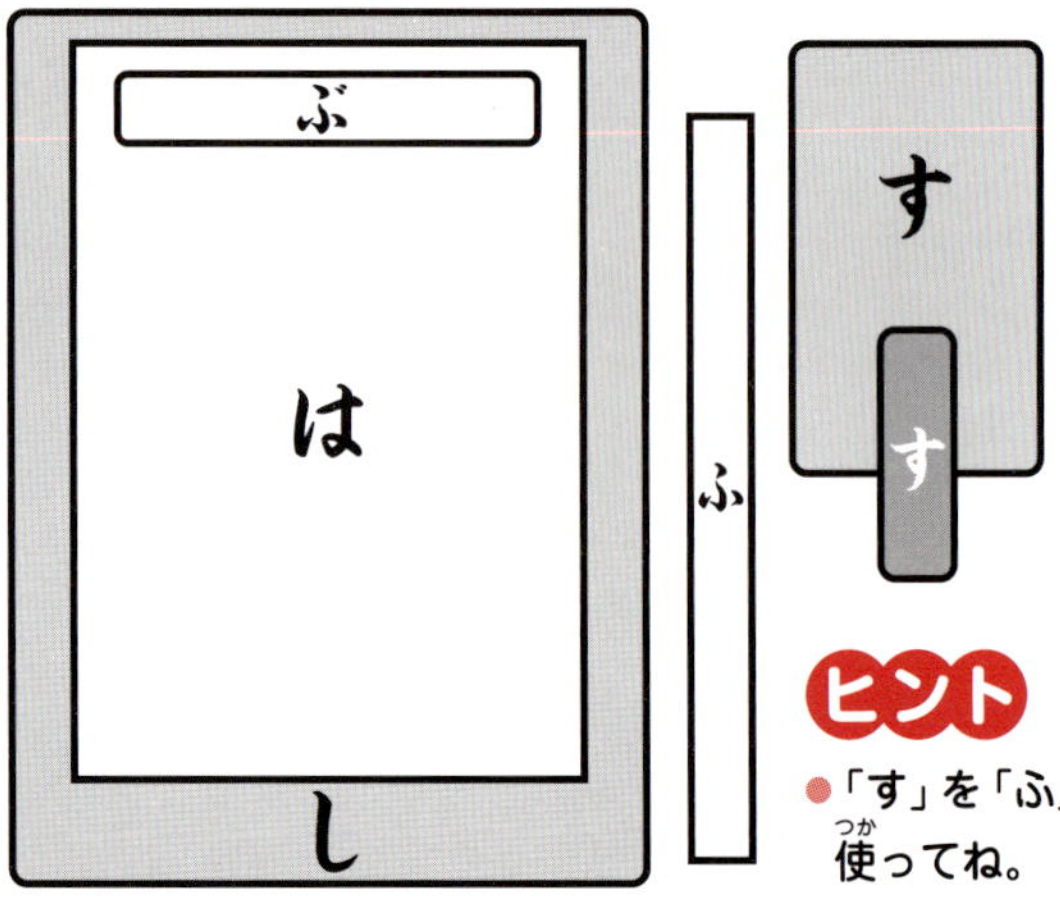

ヒント
- 「す」を「ふ」につけて使《つか》ってね。
- 「ぶ」はとても重《おも》くて、「は」はとても軽《かる》いよ。

5

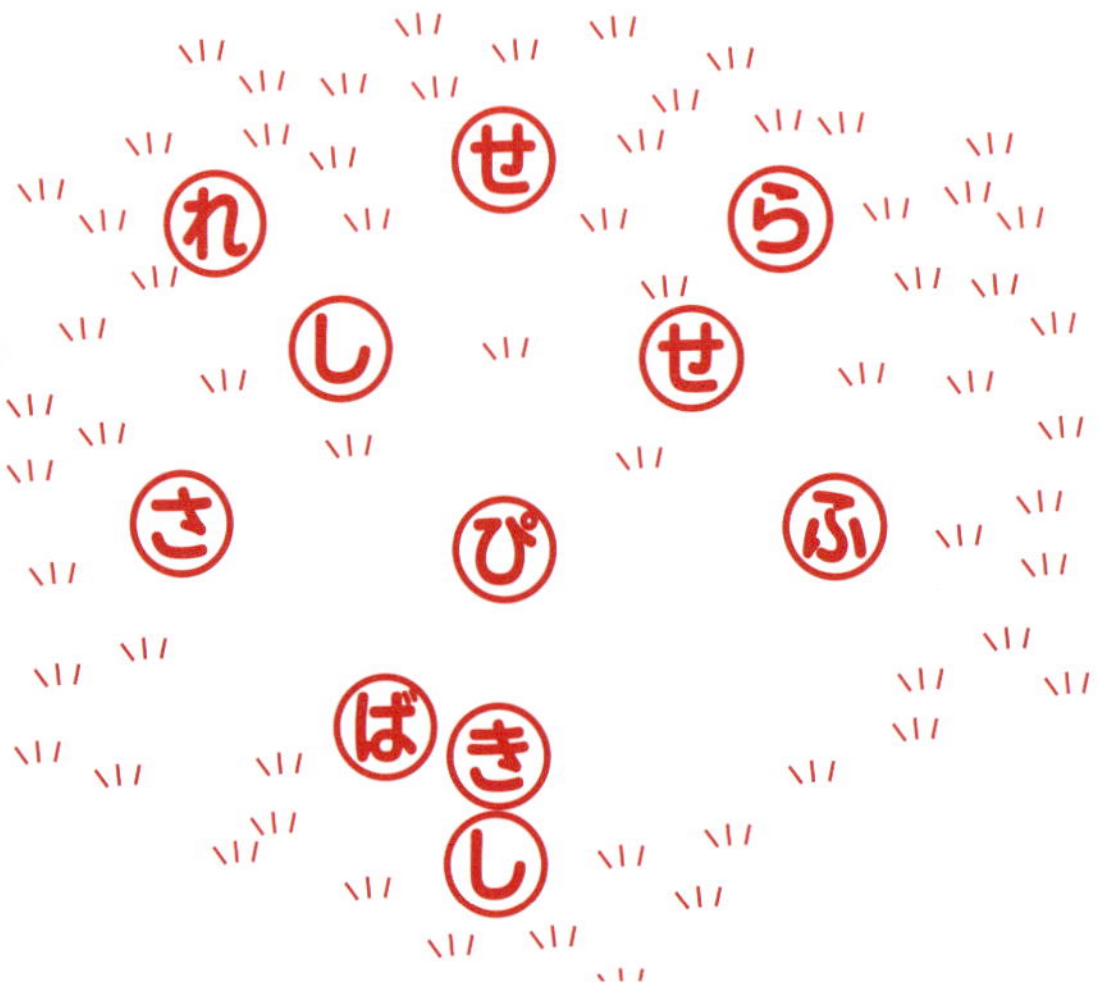

ヒント
- 「ば」と「し」だけ仲間《なかま》はずれだよ。
- みんな「ぼ」の動《うご》きに注目《ちゅうもく》しているんだ。

6

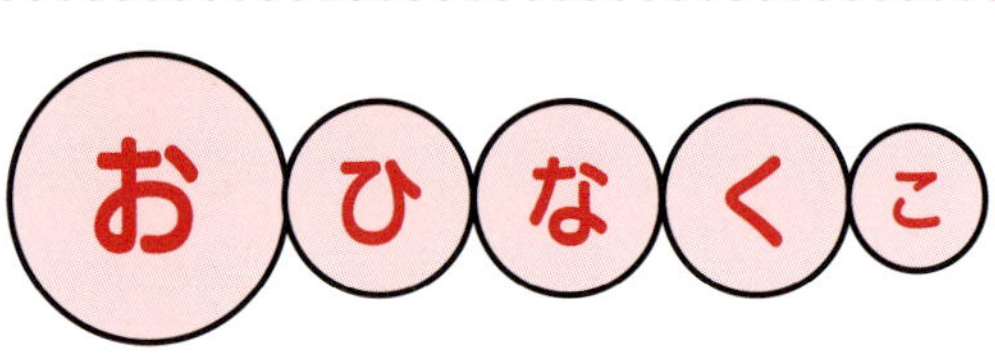

ヒント
- あるものの一部分《いちぶぶん》だよ。
- それぞれ上《うえ》に「つ」がついているよ。

30 タイポグラフィクイズ

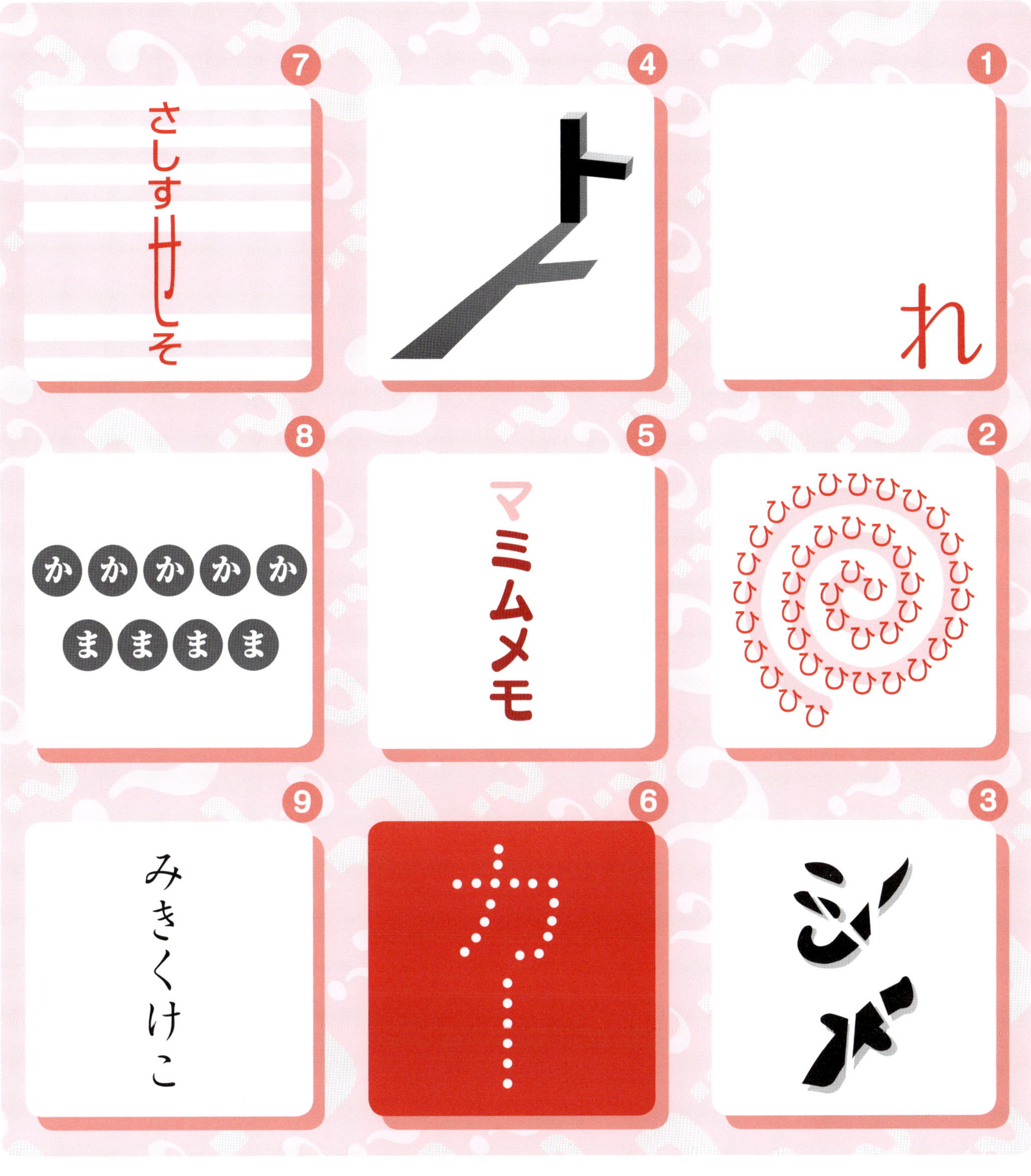

1
れ
2
ひひひ
3
4
ト
5
マミムメモ
6
7
さしすせそ
8
かかかかか
ままままま
9
みきくけこ

左《ひだり》の例《れい》は、「たちつてと」から「た」がぬけているので、答《こた》えは「たぬき」です。このようにとんちをひねって、❶～❾の文《も》字《じ》のデザインが、なんの言葉《ことば》を表《あらわ》しているかを当《あ》てましょう。

例《れい》
ちつてと

 答《こた》えは46ページ。

31

くねくね文字《もじ》のなぞを解《と》く！

町《まち》の看板《かんばん》や、昔《むかし》ながらの遊《あそ》び道具《どうぐ》、割《わ》りばしのふくろなど、いろいろなところで見《み》つけた「くねくね文字《もじ》」を集《あつ》めました。これらは、明治時代《めいじじだい》のなかばまで実際《じっさい》に使《つか》われていたひらがなで、「変体《へんたい》がな」と呼《よ》ばれています。それぞれなんと読《よ》むのかな？ リストから選《えら》びましょう。

1

2

3

5

4

右《みぎ》から左《ひだり》に読《よ》むよ。

リスト

A…きそば
B…たかさご
C…しるこ
D…せんべい
E…やぶ
F…うなぎ
G…よしだ
H…おかの
I…あかよろし
J…おてもと

7

6

9

8

10

ひらがなとカタカナの始《はじ》まりを探《さぐ》る

答《こた》え 24〜31

24 文字《もじ》の地層《ちそう》を調査《ちょうさ》する！

①A ウ　②D 安　③C 衣
④B 於　⑤E ル

25 おもしろ万葉《まんよう》がな

①ぶ　②む　③しし
④くく　⑤きたやま
⑥いで（出）

26 迷子《まいご》のカタカナはどれ？

宇（ウ）　曽（ソ）　奴（ヌ）
呂（ロ）　加（カ）　利（リ）
伊（イ）　江（エ）　止（ト）
散（サ）

27 昔《むかし》ばなしのカタカナ探《さが》し

28 みんなの ひらがな・万葉《まんよう》がなカルタ

い＝以　ろ＝呂　は＝波
に＝仁　ほ＝保　へ＝部
と＝止　ち＝知　り＝利
ぬ＝奴

29 一文字《いちもじ》ヒント！ これな〜んだ？

①駅《えき》のホーム
②バースデイケーキ
③すもう
④書道《しょどう》（の道具《どうぐ》）
⑤野球《やきゅう》
⑥右足《みぎあし》の指《ゆび》

30 タイポグラフィクイズ

①すみれ（すみっこに「れ」）
②ひまわり（「ひ」が回《まわ》る）
③しめきり（切《き》れている）
④トカゲ（「ト」のかげ）
⑤マウス（「マ」がうすい）
⑥カーテン（点《てん》で「カ」）
⑦せのび（「せ」がのびている）
⑧かごしま（か54《ごし》ま）
⑨かがみ（「か」が「み」）
※「かなしみ」も正解。

31 くねくね文字《もじ》のなぞを解《と》く！

①F　②I　③E　④A
⑤G　⑥H　⑦B　⑧J
⑨C　⑩D

文字《もじ》を手《て》に入《い》れた日本人《にほんじん》

漢字《かんじ》は、約千五百年前《やくせんごひゃくねんまえ》までには、中国《ちゅうごく》や朝鮮《ちょうせん》から日本《にほん》に伝《つた》わってきたと考《かんが》えられています。

文字《もじ》を持《も》たなかった日本人《にほんじん》は、そのよくわからない絵《え》のようなものを見《み》て、「どうやらこれは、言葉《ことば》を記録《きろく》するものらしい」と理解《りかい》したのでしょう。そして、とんでもない挑戦《ちょうせん》をします。外国《がいこく》の文字《もじ》である漢字《かんじ》を、自《じ》分《ぶん》の国《くに》の言葉《ことば》を表《あらわ》すために使《つか》おうと考《かんが》えたのです。

こうして、最初《さいしょ》に作《つく》られたのが「万葉《まんよう》がな」です。漢字《かんじ》の音《おと》に言葉《ことば》を当《あ》てはめて、日本語《にほんご》を書《か》き表《あらわ》しました。例《たと》えば、「やまと」「つるぎ」は、万葉《まんよう》がなだと次《つぎ》のようになります。

夜《や》麻《ま》登《と》　都《つ》流《る》伎《ぎ》

文字《もじ》を手《て》に入《い》れた日本人《にほんじん》は、『古事《こじ》記《き》』という歴史書《れきししょ》や、『万葉集《まんようしゅう》』という歌集《かしゅう》をまとめて後世《こうせい》に残《のこ》していま す。現在《げんざい》、昔《むかし》のことがわかるのは、文《も》字《じ》のおかげなのですね。

東歌《あずまうた》に思《おも》う〝文字《もじ》のない時代《じだい》〟

『万葉集《まんようしゅう》』には、東歌《あずまうた》といって関東《かんとう》地方《ちほう》で歌《うた》われていた歌《うた》も収録《しゅうろく》されています。左《ひだり》の歌《うた》は、労働《ろうどう》のなか、愛《いと》しい人《ひと》を思《おも》ってよまれた東歌《あずまうた》です。

多摩川《たまかわ》に さらす手作《てづく》り さらさらに
なにぞこの児《こ》の ここだ愛《かな》しき

文字《もじ》のなかった時代《じだい》に、どうやって奈良《なら》の都《みやこ》まで伝《つた》わったのでしょうか。それは、人《ひと》の口《くち》から口《くち》へと語《かた》りつがれて運《はこ》ばれたのです。歩《ある》くしかなかった時代《じだい》に、口《くち》から口《くち》へ。言葉《ことば》を大切《たいせつ》にしていたのだなと、しみじみ思《おも》います。

カタカナは漢字《かんじ》の一部《いちぶ》

カタカナはひらがなよりも早《はや》く、奈良時代《ならじだい》の終《お》わりに誕生《たんじょう》しています。

当時《とうじ》の僧《そう》たちは、漢字《かんじ》で書《か》かれた経典《きょうてん》を読《よ》みやすくするために、読《よ》み方《かた》を万葉《まんよう》がなで書《か》き入《い》れていました。しかし、万葉《まんよう》がなは画数《かくすう》も多《おお》くて書《か》くのがたいへんです。そこで「伊」から「イ」、「呂」から「ロ」というように、漢字《かんじ》の一部分《いちぶぶん》を書《か》いてすませる「カタカナ」が作《つく》られたのです。

ひらがなは女性《じょせい》が作《つく》った

漢字《かんじ》はもともと男性《だんせい》の役人《やくにん》だけが使《つか》うことを許《ゆる》されていました。漢字《かんじ》のことを、「真《しん》の字《じ》」という意味《いみ》で「真名字《まなじ》」ともいいました。

しかし、平安時代《へいあんじだい》に入《はい》ると、知識《ちしき》を備《そな》えた女性《じょせい》たちが増《ふ》えてきます。

そんな女性《じょせい》たちによって「真《しん》の名《な》」ではなく「仮《かり》の名《な》」としての「仮名文字《かなもじ》」、つまり「ひらがな」が生《う》み出《だ》されていきました。ひらがなは、「安」から「あ」、「以」から「い」と漢字全体《かんじぜんたい》をくずして作《つく》られました。日本語《にほんご》の一《ひと》つ一《ひと》つの音《おと》をきちんと伝《つた》えられるので、とても便利《べんり》ですね。クイズ㉔の文字《もじ》の地《ち》層《そう》で、字形《じけい》の変化《へんか》を見《み》てください。

ひらがなを育《そだ》てた平安時代《へいあんじだい》の作家《さっか》たち

平安時代《へいあんじだい》には、宮廷《きゅうてい》に仕《つか》えた女《じょ》性《せい》を中心《ちゅうしん》に、ひらがなで書《か》かれた優《すぐ》れた文学作品《ぶんがくさくひん》が生《う》まれました。

紫式部《むらさきしきぶ》

『源氏物語《げんじものがたり》』『紫式部《むらさきしきぶ》日記《にっき》』などを書《か》いた。

▶『源氏物語《げんじものがたり》』の一場面《いちばめん》。左《ひだり》が主人公《しゅじんこう》の光《ひかる》源氏《げんじ》。全五十四帖《ぜんごじゅうよんじょう》からなる長編小説《ちょうへんしょうせつ》。

宇治市源氏物語ミュージアム所蔵『源氏絵鑑帖』巻 23「初音」より

紀貫之《きのつらゆき》

女性《じょせい》のふりをして、ひらがなに漢字《かんじ》がまじった作品《さくひん》、『土佐《とさ》日記《にっき》』を書《か》いた。

▲冒頭《ぼうとう》は「をとこもすなる日記というものを」。「日記（にき）」だけ漢字《かんじ》が使《つか》われている。

大阪青山歴史文学博物館所蔵

清少納言《せいしょうなごん》

日本三大随筆《にほんさんだいずいひつ》のひとつ、『枕草子《まくらのそうし》』を書《か》いた。

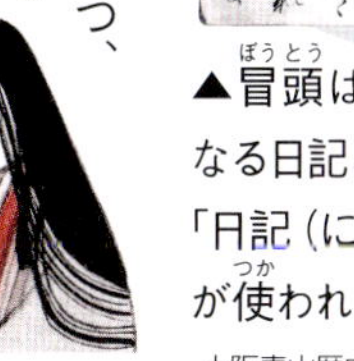

九州大学附属図書館所蔵

▲「はるはあけぼの」で始《はじ》まる『枕草子《まくらのそうし》』。

今《いま》なお残《のこ》る「変体《へんたい》がな」

クイズ㉛に出《で》てきた「変体《へんたい》がな」について説明《せつめい》しましょう。

ひらがなが作《つく》られたとき、なんの漢字《かんじ》をもとにして作《つく》り出《だ》すかは、人《ひと》によってちがっていました。そのため、さまざまな漢字《かんじ》から、さまざまな形《かたち》のひらがなが作《つく》られたのです。

ひらがながひとつの形《かたち》に決《き》められたのは、明治三十三《めいじさんじゅうさん》（1900）年《ねん》のことです。これにより、それまでひらがなとして使《つか》われていた他《ほか》の文字《もじ》が、「変体《へんたい》がな」と呼《よ》ばれるようになりました。

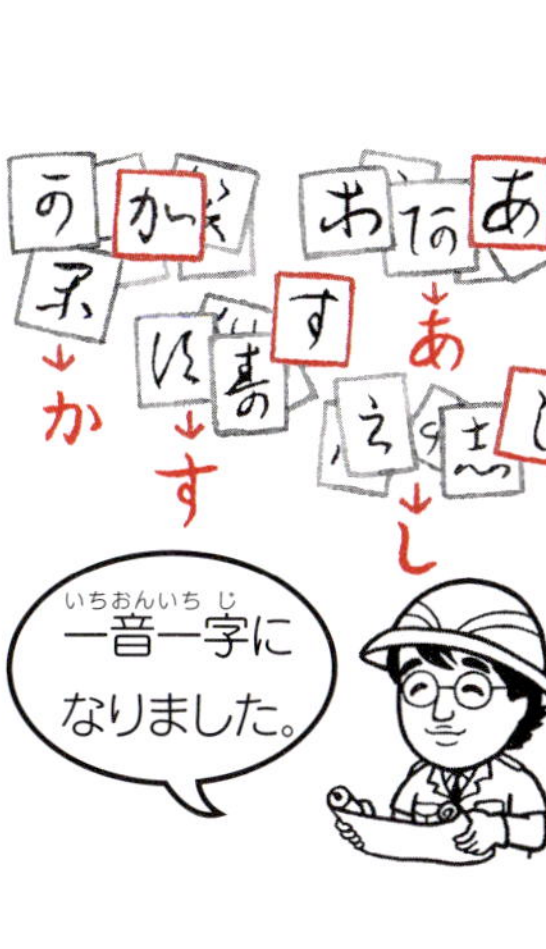

今《いま》は少《すく》なくなりましたが、おそば屋《や》さんやうなぎ屋《や》さんの看板《かんばん》、書道《しょどう》の作品《さくひん》などで変体《へんたい》がなを見《み》ることができます。何《なに》かを目立《めだ》たせたいとき、個性《こせい》が求《もと》められる場面《ばめん》では、人《ひと》の目《め》にとめてもらうために、今《いま》も変体《へんたい》がなが使《つか》われているのでしょうね。

32 よむよむ迷路《めいろ》、レッツゴー！

あいうえおコース

漢字《かんじ》の読《よ》みの一字目《いちじめ》が、「あいうえおかきく…」の順《じゅん》になるように進《すす》みましょう。音読《おんよ》み、訓読《くんよ》み両方《りょうほう》考《かんが》えてね。

千	姿	白	運	今	スタート 愛《あい》
炭	新	坂	永	男	犬
席	損	心	音	絵	馬
説	谷	県	車	内	円
罪《つみ》 ゴール	茶	交	北	金	女

てんてんコース

「が」や「ぎゅ」など、読《よ》みに点々《てんてん》が入《はい》る漢字《かんじ》をつなぎながら進《すす》みましょう。点々《てんてん》は一字目《いちじめ》とは限《かぎ》りませんよ。

門	知	東	スタート 出《で》
針	学	孫	星
冬	左	底	残
倍	段	時	桜
南	海	卵	字

※使《つか》うのは、漢字一字《かんじいちじ》での読《よ》み方《かた》のみです。

しりとりコース

漢字《かんじ》の読《よ》みでしりとりをしながら進《すす》みましょう。音読《おんよ》みでも訓読《くんよ》みでもOK《オーケー》ですが、読《よ》み方《かた》を変《か》えて次《つぎ》に進《すす》むことはできませんよ。

スタート

国	訳	宮	先	草	幕	頭《あたま》
肉	道	海	応	店	組	松
空	牛	耳	塩	石	英	机
上	品	幹	駅	岸	池	計
顔《かお》	中	禁	前	島	年	糸

ゴール

軍	棒	数	鏡	勉	王
面	魚	走	夜	台	体
実	束	五	雑	答	毒
骨	悪	薬	間	鳥	逆
象《ぞう》	麦	弱	筆	輪	独

ゴール

答《こた》えは54ページ。

33 ドキドキ相席《あいせき》観覧車《かんらんしゃ》

観覧車《かんらんしゃ》の中《なか》の漢字《かんじ》は、それぞれ読《よ》みに共通点《きょうつうてん》がありますが、ひとつだけ仲間《なかま》はずれの漢字《かんじ》が入《はい》っています。それはどれでしょう？

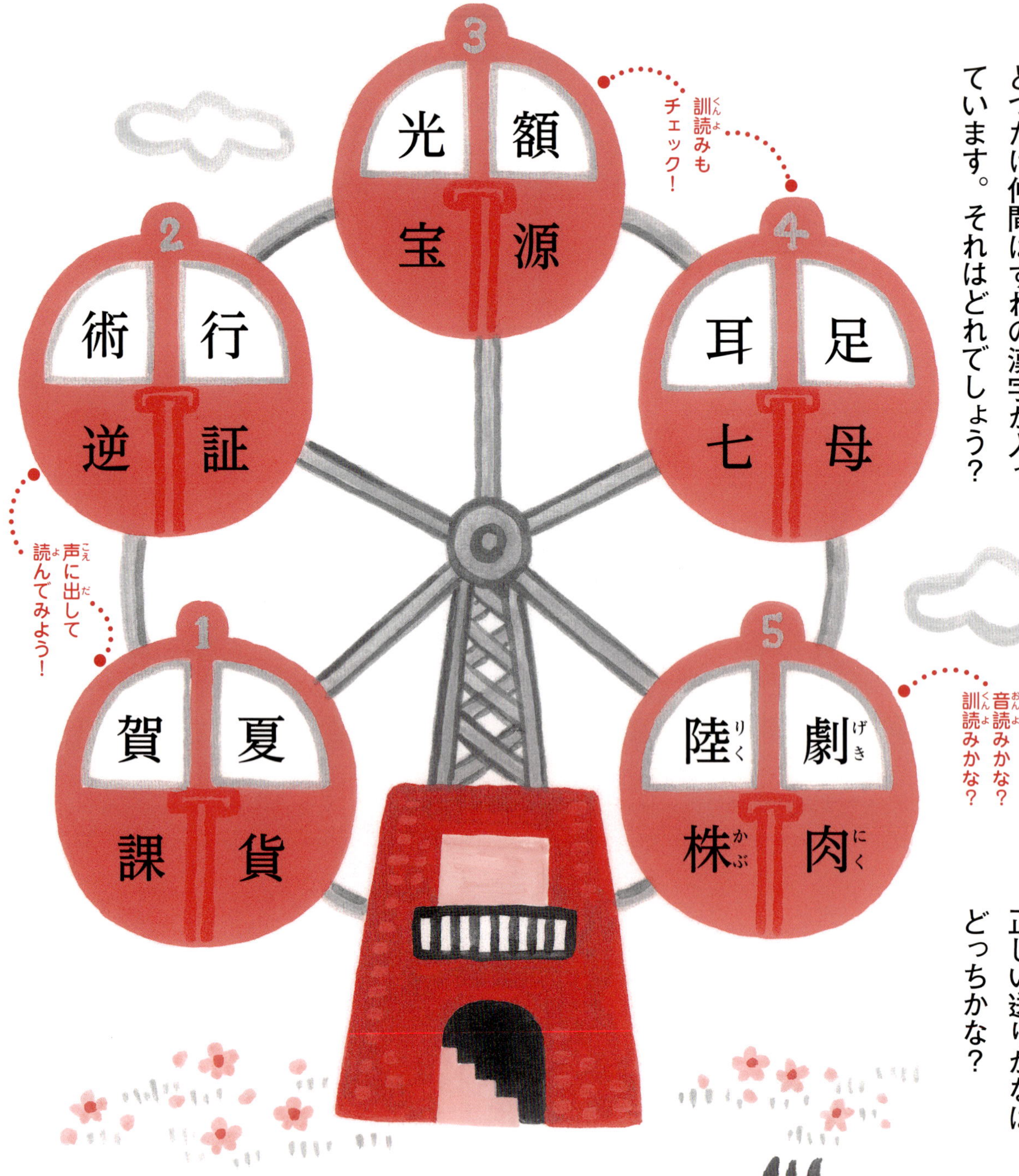

訓読《くんよ》みもチェック！
声《こえ》に出《だ》して読《よ》んでみよう！
音読《おんよ》みかな？訓読《くんよ》みかな？
1
賀
夏
課
貨
2
術
行
逆
証
3
光
額
宝
源
4
耳
足
七
母
5
陸《りく》
劇《げき》
株《かぶ》
肉《にく》

34 正《ただ》しいのはどっち？

同《おな》じ漢字《かんじ》が入《はい》った花《はな》びらが、二枚《にまい》ずつ飛《と》んでいきました。正《ただ》しい送《おく》りがなは、どっちかな？

全部《ぜんぶ》で七組《ななくみ》答《こた》えてね。

導びく
導く
少い
少ない

35 空《そら》の上《うえ》はシカイリョウコウサ！

?の中《なか》には、「シ」「カイ」「リョウ」「コウ」「サ」のどれかの読《よ》みの漢字《かんじ》が入《はい》ります。さらに、?に入《はい》る漢字《かんじ》は、それぞれの4つの風船《ふうせん》のどの漢字《かんじ》の下《した》についても、熟語《じゅくご》になることができます。さて、なんの漢字《かんじ》が入《はい》るでしょう？

声
熱
水
音
?
誤
時
大
段
?
視界良好《しかいりょうこう》さ！
表
古
和
白
?
絶
友
親
良
?
理
分
図
正
?

費やす
費す
暖い
暖かい
難しい
難い
帯びる
帯る
断る
断わる

答《こた》えは54ページ。

36 暗号《あんごう》推理《すいり》、宝《たから》探《さが》し大作戦《だいさくせん》！

希望　夕日　時計　線路

右《みぎ》の暗号《あんごう》を、ある方法《ほうほう》で解読《かいどく》すると「ぼうけん」になります。宝《たから》の地図《ちず》の暗号文《あんごうぶん》は、これと同《おな》じ形式《けいしき》で書《か》かれていますよ。さあ、暗号文《あんごうぶん》を解読《かいどく》して、かつてこの地《ち》にうめられた財宝《ざいほう》を探《さが》しだしましょう。

暗号文《あんごうぶん》

期待　仲間　未来
野原　子供　幼児
不足　事実　漢字
可能　素質　下着

宝《たから》の地図《ちず》

いなり神社《じんじゃ》
ふたご山《やま》
大川《おおかわ》
かっぱ沼《ぬま》
茶屋《ちゃや》
だんご
道祖神《どうそじん》
円満寺《えんまんじ》
はす池《いけ》
ぞう木林《きばやし》
あやしの森《もり》
二本松《にほんまつ》
一本杉《いっぽんすぎ》
八幡岬《はちまんみさき》
まげ島《じま》
三里浜《さんりがはま》

37

難《なん》読《どく》漢《かん》字《じ》ペアマッチ

特別《とくべつ》な読《よ》みをする熟語《じゅくご》を集《あつ》めました。正《ただ》しい読《よ》みの札《ふだ》とペアにしましょう。

眼鏡　二十歳　上手　小豆　景色　木綿　土産　下手　田舎　銀杏　時雨　八百長

めがね　もめん　みやげ　あずき　しぐれ　やおちょう　はたち　いなか　じょうず　けしき　へた　いちょう

答《こた》えは54ページ。

漢字《かんじ》の読《よ》みの歴史《れきし》となぞを探《さぐ》る

32 よむよむ迷路《めいろ》、レッツゴー！

スタート：愛　ゴール：罪

千	姿	白	運	今	愛《あい》
炭《すみ》	新《しん》	坂《さか》	永	男	犬《いぬ》
席《せき》	損《そん》	心《こころ》	音	絵	馬《うま》
説	谷《たに》	県《けん》	車《くるま》	内	円《えん》
罪《つみ》	茶《ちゃ》	交	北《きた》	金《かね》	女《おんな》

スタート：頭　ゴール：顔

国《くに》	訳《やく》	宮《みや》	先	草	幕	頭《あたま》
肉《にく》	道	海《うみ》	応《おう》	店	組	松《まつ》
空《くう》	牛《うし》	耳	塩《しお》	石《いし》	英《えい》	机《つくえ》
上	品《しな》	幹	駅	岸	池	計
顔《かお》	中《なか》	禁	前	島	年	糸

スタート：出　ゴール：象

軍	棒《ぼう》	数《かず》	鏡《かがみ》	勉《べん》	王	門	知	東《ひがし》	出《で》
面	魚《ぎょ》	走	夜	台《だい》	体《からだ》	針	学《がく》	孫《まご》	星
実	束《たば》	五《ご》	雑《ざつ》	答	毒《どく》	冬	左《ひだり》	底	残
骨	悪	薬	間《あいだ》	鳥	逆《ぎゃく》	倍《ばい》	段《だん》	時	桜
象《ぞう》	麦《むぎ》	弱《じゃく》	筆《ふで》	輪	独	南	海	卵	字

33 ドキドキ相席観覧車《あいせきかんらんしゃ》

① 夏 貨 賀 課

賀だけ読《よ》みが「が」になる（他《ほか》は「か」）

② 行 証 術 逆

証だけ読《よ》みに点々《てんてん》がつく音《おと》（だく音《おん》）がない

③ 額 源 光 宝

源だけ訓読《くんよ》みの文字数《もじすう》が4つ（他《ほか》は3つ）

④ 足 母 耳 七

足の他《ほか》は、読《よ》みが同《おな》じ音《おと》2つのもの

⑤ 劇 肉 陸 株

「かぶ」だけ訓読《くんよ》み（「げき」「にく」「りく」は音読《おんよ》み）

ニクは音読《おんよ》みなんですよ！

34 正《ただ》しいのはどっち？

導く　少ない　断る

難しい　帯びる　費やす

暖かい

35 空《そら》の上《うえ》はシカイリョウコウサ！

熱
声
音
水
量
時
段
誤
大
差
表
古
白
和
紙
絶
友
親
良
好
理
分
図
正
解

36 暗号推理《あんごうすいり》、宝探《たからさが》し大作戦《だいさくせん》！

たからはどうそじんのした

（宝は道祖神の下）

期待《きたい》　仲間《なかま》　未来《みらい》

野原《のはら》　子供《こども》　幼児《ようじ》

不足《ふそく》　事実《じじつ》　漢字《かんじ》

可能《かのう》　素質《そしつ》　下着《したぎ》

それぞれの熟語《じゅくご》の真《ま》ん中《なか》の読《よ》み（「きたい」なら「た」）をつなげて読《よ》んでいこう。

37 難読漢字《なんどくかんじ》ペアマッチ

小豆（あずき）

上手（じょうず）

木綿（もめん）

二十歳（はたち）

土産（みやげ）

下手（へた）

景色（けしき）

銀杏（いちょう）

眼鏡（めがね）

田舎（いなか）

時雨（しぐれ）

八百長（やおちょう）

音読《おんよ》みと訓読《くんよ》み

漢字《かんじ》にはたくさんの読《よ》み方《かた》があります。例《たと》えば、「音」を辞書《じしょ》で調《しら》べてみると、「オン、イン、おと、ね」と四種類《よんしゅるい》の読《よ》み方《かた》が記《しる》されています。

オン
イン
音
おと
ね

これらの読《よ》み方《かた》をよく見《み》ると、「オン」と「イン」はカタカナで、「おと」と「ね」はひらがなで書《か》かれているというちがいがあります。カタカナの読《よ》み方《かた》を「音読《おんよ》み」、ひらがなの読《よ》み方《かた》を「訓読《くんよ》み」といいます。2つの読《よ》みはどうちがうのでしょうか。

音読《おんよ》みがカタカナで書《か》き表《あらわ》される理由《りゆう》は、漢字《かんじ》のふるさとである中国《ちゅうごく》で発音《はつおん》されていた読《よ》み方《かた》だからです。日本語《にほんご》の書《か》き方《かた》のルールに、外国《がいこく》から来《き》た言葉《ことば》はカタカナにするというものがあります。

それに対《たい》し、訓読《くんよ》みは日本《にほん》でもともと使《つか》われていたものです。中国《ちゅうごく》から漢字《かんじ》が伝《つた》わったとき、漢字《かんじ》に今《いま》まで使《つか》っていた呼《よ》び方《かた》をくっつけました。その読《よ》み方《かた》が訓読《くんよ》みなのです。

つまり、音読《おんよ》みと訓読《くんよ》みのちがいは、出身地《しゅっしんち》のちがいなのです。そのため、意味《いみ》がわかりやすい読《よ》み方《かた》のときは、日本語由来《にほんごゆらい》の訓読《くんよ》みが多《おお》く、逆《ぎゃく》に意《い》味《み》がわかりにくい読《よ》み方《かた》の場合《ばあい》は、中国由来《ちゅうごくゆらい》の音読《おんよ》みが多《おお》いわけです。

「生」は読《よ》みの王様《おうさま》？

漢字《かんじ》にはいくつかの読《よ》みを持《も》っているものが多《おお》くありますが、そのなかでも、ずばぬけてたくさんの読《よ》みを持《も》つのが「生」という漢字《かんじ》です。

名字《みょうじ》や地名《ちめい》などにも数多《かずおお》く使《つか》われていて、その読《よ》み方《かた》は、数《かぞ》え方《かた》によっては百五十《ひゃくごじゅう》～二百《にひゃく》種類《しゅるい》ともいわれています。

生

生《な》る
人生《じんせい》
生《お》い立《た》ち
弥生《やよい》
一生《いっしょう》
生花《いけばな》
生意気《なまいき》
生粋《きっすい》
生《う》まれ
芝生《しばふ》
生憎《あいにく》
壬生《みぶ》
誕生《たんじょう》
生《き》そば
生《は》える
生《い》きる
芽生《めば》え
生業《なりわい》

音読《おんよ》みに残《のこ》る中国《ちゅうごく》の歴史《れきし》

ひとつの漢字《かんじ》にいくつもの音読《おんよ》みがあるのはなぜでしょうか。それは、中国《ちゅうごく》の歴史《れきし》に関係《かんけい》があります。

日本《にほん》には今《いま》まで、中国《ちゅうごく》のいろいろな時代《じだい》のさまざまな地方《ちほう》の漢字《かんじ》の音《おと》が入《はい》ってきました。代表的《だいひょうてき》なものに、呉《ご》の時代《じだい》の呉音《ごおん》、漢《かん》の時代《じだい》の漢音《かんおん》、唐《とう》の時代《じだい》の唐音《とうおん》の三種類《さんしゅるい》があります。

例《たと》えば、「行」の音読《おんよ》みは、左《ひだり》のような時代分《じだいわ》けになります。

〔呉音《ごおん》〕ギョウ…行列《ぎょうれつ》
〔漢音《かんおん》〕カウ……行進《こうしん》
〔唐音《とうおん》〕アン……行灯《あんどん》

時代《じだい》とともに、中国《ちゅうごく》での漢字《かんじ》の読《よ》み方《かた》が変化《へんか》していきました。そして、それを受《う》け入《い》れた日本《にほん》では、音読《おんよ》みが増《ふ》えていくことになったのです。

音読《おんよ》みは、中国《ちゅうごく》の
読《よ》み方《かた》のタイムマシンと
いえるのかもしれませんね。

特別《とくべつ》な読《よ》み方《かた》をする漢字《かんじ》

クイズ㊲の難読漢字《なんどくかんじ》は、読《よ》むことができましたか？　このような特別《とくべつ》な読《よ》みをする二字以上《にじいじょう》の漢字《かんじ》を、「熟字訓《じゅくじくん》」といいます。いざ読《よ》もうとすると、なかなか難《むずか》しいですね。この熟字訓《じゅくじくん》、いったいなんなのでしょうか。

「明日」という熟字訓《じゅくじくん》は、音読《おんよ》みで「ミョウニチ」と読《よ》む明日に、日本語《にほんご》にもともとあった「あす」「あした」という訓読《くんよ》みをつけてできたものです。

「ミョウニチ」と読《よ》むときは、「明」を「ミョウ」、「日」を「ニチ」と、漢《かん》字一文字《じいちもじ》にひとつの読《よ》み方《かた》が対応《たいおう》していますが、「あす」と読《よ》むときは、「明」と「日」を「あ」と「す」に分《わ》けて読《よ》むことはできません。熟字訓《じゅくじくん》は、このように熟語全体《じゅくごぜんたい》にひとつの訓読《くんよ》みがつけられたものを指《さ》します。

また、当《あ》て字《じ》だった読《よ》み方《かた》が、そのまま熟字訓《じゅくじくん》としてみとめられたものもあったようです。例《たと》えば最近《さいきん》でも、「美《うつく》しい瞬間」などと書《か》いて、「瞬間」を「シュンカン」と読むのではなく、「とき」と読《よ》ませる歌詞《かし》がありますね。これと同《おな》じことが、昔《むかし》からあったのかもしれません。

38 正《ただ》しい書《か》き方《かた》二《に》択《たく》クイズ

まぎらわしい書《か》き方《かた》を集《あつ》めた二《に》択《たく》クイズです。正解《せいかい》はA《エー》とB《ビー》のどっちでしょう？

1 「右」の筆順《ひつじゅん》はどっち？

A 一 ナ 𠂇 右 右

B ノ ナ 𠂇 右 右

2 どっちが正《ただ》しい？

A 以 とめる

B 以 はらう

3 飛 赤《あか》の線《せん》は何画目《なんかくめ》？

A 四画目《よんかくめ》

B 六画目《ろっかくめ》

4 女 赤《あか》の線《せん》は何画目《なんかくめ》？

A 一画目《いっかくめ》

B 三画目《さんかくめ》

5 「左」の筆順《ひつじゅん》はどっち？

A 一 ナ 𠂇 左 左

B ノ ナ 𠂇 左 左

6 どっちが正《ただ》しい？

A 改 はねる

B 改 とめる

7 「必」の筆順《ひつじゅん》はどっち？

A 丶 ソ 义 义 必

B 丶 八 心 心 必

8 どっちが正《ただ》しい？

A 関 とめる

B 関 はらう

9 「州」の筆順《ひつじゅん》はどっち？

A 丿 川 川 州 州 州

B 丶 丿 ⺌ 州 州 州

寄《よ》り道《みち》コラム

文字《もじ》は正《ただ》しい書体《しょたい》で覚《おぼ》えましょう

文字《もじ》は国語《こくご》の教《きょう》科書《かしょ》で見慣《みな》れている「教科書体《きょうかしょたい》」で覚《おぼ》えることが大事《だいじ》です。これは「正字《せいじ》」とも呼《よ》ばれます。それでは、他《ほか》の書体《しょたい》とどうちがうのか見《み》てみましょう。緑《みどり》の字《じ》が教《きょう》科書体《かしょたい》ですよ。

り　き

明朝体《みんちょうたい》　り
ゴシック体《たい》　き
くっつかないよ。

その他《ほか》の書体《しょたい》　り　き
ぐにゃっとか、くるっとかしないよ。

劇

明朝体《みんちょうたい》　劇
ゴシック体《たい》　劇
とらがしらのココは、はねないよ。

ポップ系《けい》の書体《しょたい》　劇
・じゃないよ。

勘亭流《かんていりゅう》　劇
なにがなんだかわからないね。

10
馬
赤《あか》の線《せん》は何画目《なんかくめ》?
A 三画目《さんかくめ》
B 五画目《ごかくめ》

11
「区」の筆順《ひつじゅん》はどっち?
A 
B 

12
器
赤《あか》の線《せん》は何画目《なんかくめ》?
A 七画目《ななかくめ》
B 九画目《きゅうかくめ》

13
衆
赤《あか》の線《せん》は何画目《なんかくめ》?
A 七画目《ななかくめ》
B 九画目《きゅうかくめ》

14
「田」の筆順《ひつじゅん》はどっち?
A 
B 

15
「処」の筆順《ひつじゅん》はどっち?
A 
B 

16
どっちが正《ただ》しい?
A 孫　はねる
B 孫　とめる

答《こた》えは60ページ。

39

1、2、3！画数迷路《かくすうめいろ》

一画《いっかく》、二画《にかく》、三画《さんかく》…と、画数《かくすう》がひとつずつ増《ふ》える漢字《かんじ》を選《えら》びながら進《すす》む迷路《めいろ》です。スタートは一画《いっかく》の「一」、ゴールは二十二画《にじゅうにかく》の「驚」です。数《かぞ》えまちがえに気《き》をつけてね。

スタート

代	万	人	一	力	大	止
母	反	幼	九	冊	欠	危
考	努	拝	急	虫	世	有
発	服	細	班	図	型	改
将	器	歌	楽	様	風	乳
密	整	望	然	健	素	第
極	講	題	暴	複	勢	歯
識	議	願	競	劇	聞	熱
離	難	鏡	露	衛	縮	機
臨	護	躍	驚	臓	験	警

ゴール

40

最後《さいご》の挑戦状《ちょうせんじょう》

あやしげな当《あ》て字《じ》の暗号文《あんごうぶん》が届《とど》きましたよ。音読《おんよ》み、訓《くん》読《よ》みを使《つか》いこなして、暗号文《あんごうぶん》を解読《かいどく》しましょう。できあがった文章《ぶんしょう》が、このクイズの問題文《もんだいぶん》になっています。

遊感名望験捨太刀経

頭図雨湖個間出太土理津板根。
際語似毛市文長選紙手星意。
州具詩谷大菊科彼定留茂寺葉、
「たいと」菜度都世無幹事出、
寒治井知事出派、家苦素右賀
医地晩尾置衣総田。砂手、門台。
園格巣宇賀南確課固他得夜右。

答《こた》えは60ページ。

答《こた》え 38～40

38 正《ただ》しい書《か》き方《かた》二択《にたく》クイズ

39 1、2、3！画数迷路《かくすうめいろ》

※小学校で習わない漢字
離（リ　はな-れる　はな-す）
露（ロ　つゆ）
驚（キョウ　おどろ-かす　おどろ-く）

40 最後《さいご》の挑戦状《ちょうせんじょう》

勇《ゆう》かんな冒険者《ぼうけんしゃ》たちへ

とうとうここまでたどりついたね。最後《さいご》にもう一問《いちもん》挑戦《ちょうせん》してほしい。すぐ下《した》に大《おお》きく書《か》かれている文字《もじ》は、「たいと」などと読《よ》む漢字《かんじ》で、漢字《かんじ》一字《いちじ》では、画数《かくすう》が一番《いちばん》多《おお》いそうだ。さて、問題《もんだい》。その画数《かくすう》が何画《なんかく》か答《こた》えよう。

84画《かく》

漢字《かんじ》の正《ただ》しい書《か》き方《かた》を探《さぐ》る

漢字《かんじ》を美《うつく》しく書《か》くために

漢字《かんじ》の筆順《ひつじゅん》の原則《げんそく》は、「左上《ひだりうえ》から書《か》き始《はじ》めて右下《みぎした》で終《お》わる」です。凹凸《おうとつ》という字《じ》で確《たし》かめてみましょう。

この原則《げんそく》は、日本語《にほんご》が縦書《たてが》きの伝統《でんとう》を持《も》っていることや、右利《みぎき》きの人《ひと》が多《おお》いことと深《ふか》い関係《かんけい》があると考《かんが》えられます。

しかし、例外《れいがい》もあります。クイズ㊳でも、「必」「処」など、右下《みぎした》で書《か》き終《お》わらない漢字《かんじ》が出《で》てきましたね。おそらく、はねや点《てん》があることや、きちんと書《か》く楷書《かいしょ》・ややくずして書《か》く行書《ぎょうしょ》などの字体《じたい》によって、筆《ふで》の動《うご》きがちがうことなどと関係《かんけい》があると考《かんが》えられます。

筆順《ひつじゅん》は絶対的《ぜったいてき》なものではありませんが、美《うつく》しい字《じ》をすらすらと書《か》きたいと思《おも》ったら、辞書《じしょ》に出《で》ている書《か》き方《かた》を確認《かくにん》してみるとよいでしょう。

書道《しょどう》のすすめ

大人《おとな》になって「子《こ》どものころにちゃんとやっておけばよかったなあ」と思《おも》うもののひとつに、書道《しょどう》があります。

パソコンという便利《べんり》なものがあるのに、なんで書道《しょどう》なのかなあと思《おも》うかもしれません。しかし、ものの価値《かち》というのは、少《すく》ないものに宿《やど》るもの。みんながパソコンで字《じ》を打《う》っているときに、きちんと筆《ふで》で字《じ》が書《か》けるのは相当価値《そうとうかち》のあることです。

また、「字《じ》は人《ひと》を表《あらわ》す」とも言《い》います。その字《じ》を見《み》ればその人《ひと》がわかるという意味《いみ》です。きれいな字《じ》ならば、「この字《じ》を書《か》いた人《ひと》は、頭《あたま》が良《よ》くていい人《ひと》にちがいない」と思《おも》われて得《とく》をするかもしれませんね。

それはさておき、漢字《かんじ》やひらがなをていねいに美《うつく》しく書《か》く技術《ぎじゅつ》を身《み》につけることは、文字《もじ》や言葉《ことば》への理解《りかい》を深《ふか》める大切《たいせつ》なことです。日本《にほん》の文化《ぶんか》の良《よ》さを知《し》り、漢字《かんじ》を覚《おぼ》えるためにも、書道《しょどう》はおすすめです。

永字《えいじ》八法基本点画《はっぽうきほんてんかく》

「永字八法基本点画《えいじはっぽうきほんてんかく》」は、「永」という字《じ》は書道《しょどう》で使《つか》う代表的《だいひょうてき》な8つの筆《ふで》の使《つか》い方《かた》をふくんでいるため、これをきちんと書《か》けるようになると良《よ》いという教《おし》えです。中国《ちゅうごく》の唐《とう》の時代《じだい》から言《い》われています。

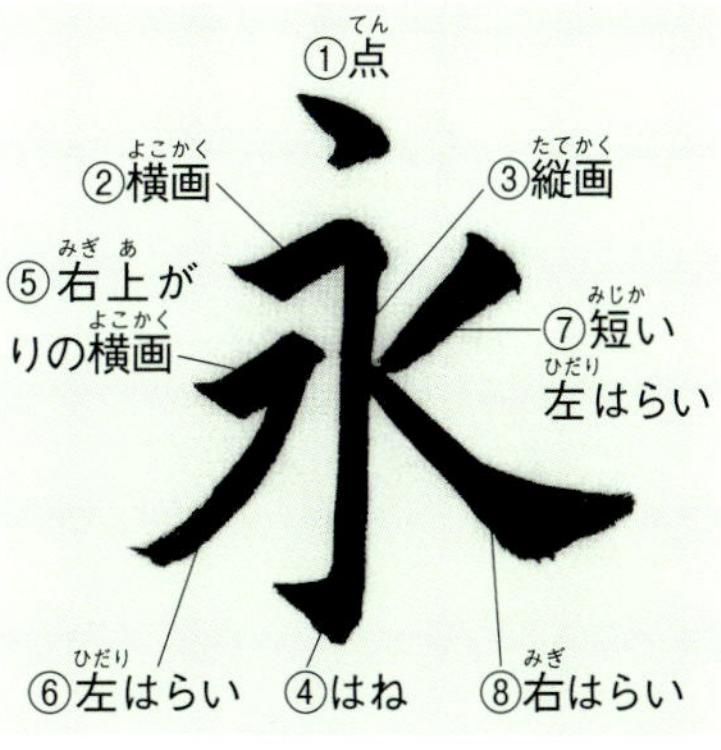

①点《てん》
②横画《よこかく》
③縦画《たてかく》
⑤右上《みぎあ》がりの横画《よこかく》
⑦短《みじか》い左《ひだり》はらい
⑥左《ひだり》はらい
④はね
⑧右《みぎ》はらい

池田修 筆

「島崎藤村《しまざきとうそん》」という字《じ》がバランス良《よ》く書《か》けると基本《きほん》ができているという人《ひと》もいます。

やってみよう

自分《じぶん》に名前《なまえ》をつけるとしたら…？

一巻《いっかん》では「文字《もじ》」について、たくさんのクイズに挑戦《ちょうせん》しましたね。新《あたら》しい発見《はっけん》や、気《き》に入《い》った漢字《かんじ》はありましたか？ 解説《かいせつ》ページにおける最後《さいご》のテーマは、「名前《なまえ》」です。

あなたの名前《なまえ》をつけてくれた人《ひと》に、他《ほか》にどんな候補《こうほ》があったのかを聞《き》いてみるとおもしろいですよ。自分《じぶん》の名前《なまえ》になったかもしれない、でもまったく自分《じぶん》ではない。そんな変《へん》な感《かん》じがするものです。

さて、あなたが自分《じぶん》に名前《なまえ》をつけるとしたら、どんな名前《なまえ》をつけるでしょうか。

昔《むかし》の日本《にほん》では、子《こ》どものときに使《つか》う名前《なまえ》「幼名《ようみょう》」がありました。例《たと》えば、源 義経《みなもとのよしつね》は牛若丸《うしわかまる》という幼名《ようみょう》を持《も》っていました。成人《せいじん》すると、大人《おとな》の名前《なまえ》に変《か》えたのです。これはなかなか良《よ》いアイデアですが、現在《げんざい》の日本《にほん》ではできません。

けれども、ニックネームやペンネームはつけられますよ。また、いつかあなたの子《こ》どもに名前《なまえ》をつけるときの練習《れんしゅう》になりますね。さあ、自分《じぶん》にもうひとつの名前《なまえ》をつけてみましょう。

名前《なまえ》をつけるときに大事《だいじ》にすること

一、みんなが読《よ》めること

二、簡潔《かんけつ》で呼《よ》びやすいこと

三、願《ねが》いがこめられていること

一、

名前《なまえ》は、呼《よ》んでもらうためのものです。一生《いっしょう》呼《よ》ばれ続《つづ》けるものです。みんなが読《よ》める名前《なまえ》を考《かんが》えましょう。

二、

呼《よ》びやすい名前《なまえ》は、覚《おぼ》えやすい名前《なまえ》でもあります。長生《ながい》きを願《ねが》って長《なが》い名前《なまえ》をつけたけど、名前《なまえ》を呼《よ》んでいる間《あいだ》に川《かわ》でおぼれてしまった、という昔《むかし》ばなしもあるんですよ。

三、

こんな人《ひと》になってほしい、こんな性格《せいかく》に育《そだ》ってほしいという願《ねが》いがこめられていると、将来子《しょうらいこ》どもは喜《よろこ》ぶでしょう。もうひとつの自分《じぶん》の名前《なまえ》であれば、自分《じぶん》の性格《せいかく》もわかっているでしょうし、それを表現《ひょうげん》する名前《なまえ》でもよいですね。

お題《だい》

次《つぎ》の１～８の中《なか》から好《す》きなお題《だい》を選《えら》んで答《こた》えましょう。その際《さい》には、なぜその名《な》前《まえ》をつけたのか、理由《りゆう》も答《こた》えてください。

1. あなたは作家《さっか》です。“ペンネーム”をつけてください。
2. あなたはアイドルタレントです。“芸名《げいめい》”をつけてください。
3. あなたは芸術家《げいじゅつか》です。“雅号《がごう》”をつけてください。
4. あなたは力士《りきし》です。“四股名《しこな》”をつけてください。
5. あなたは珍《めずら》しい生物《せいぶつ》です。“学名《がくめい》”をつけてください。
6. あなたの“幼名《ようみょう》”をつけてください。
7. あなたが呼《よ》ばれたいニックネームをつけてください。
8. あなたは生《う》まれ変《か》わります。新《あたら》しい名前《なまえ》をつけてください。

もっと知《し》りたい人《ひと》のために 文字の本

もじのほん

クイズが終《お》わって、「もっと知《し》りたい」と思《おも》ったことはありませんか？ 文字《もじ》に関《かん》する本《ほん》を紹介《しょうかい》しますので、興味《きょうみ》を持《も》ったことに役立《やくだ》ててね。

漢字《かんじ》の成《な》り立《た》ちや起源《きげん》についてもっと知《し》る

『白川静《しらかわしずか》さんに学《まな》ぶ 漢字《かんじ》は怖《こわ》い』
『白川静《しらかわしずか》さんに学《まな》ぶ 漢字《かんじ》は楽《たの》しい』

「【止】をめぐる漢字《かんじ》」「【羊】をめぐる漢字《かんじ》」など、漢字《かんじ》を関連性《かんれんせい》のあるグループごとに紹介《しょうかい》。漢字《かんじ》のつながりに秘《ひ》められたおどろきの物語《ものがたり》と、漢字《かんじ》の成《な》り立《た》ちや意味《いみ》を楽《たの》しく知《し》ることができます。

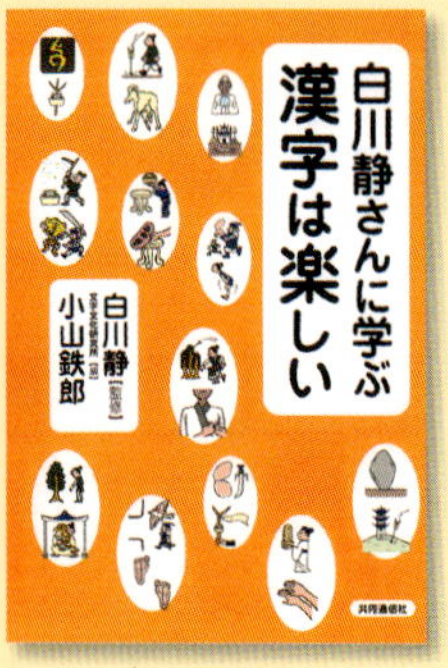

白川《しらかわ》 静《しずか》　監修《かんしゅう》
小山鉄郎《こやまてつろう》　著《ちょ》
（共同通信社《きょうどうつうしんしゃ》）

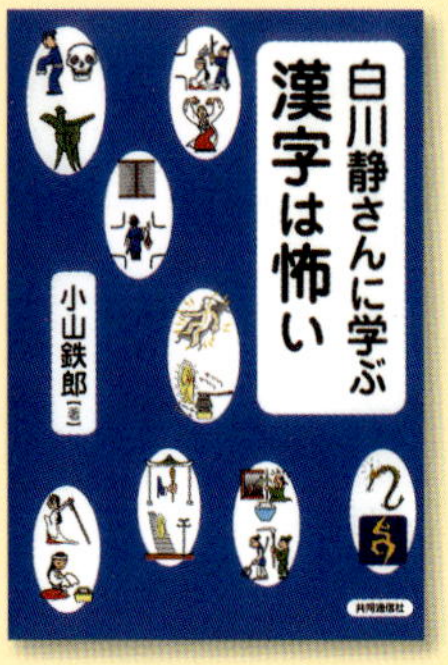

小山鉄郎《こやまてつろう》　著《ちょ》
（共同通信社《きょうどうつうしんしゃ》）

漢字《かんじ》を楽《たの》しく調《しら》べる

『例解学習漢字辞典《れいかいがくしゅうかんじじてん》』

藤堂明保《とうどうあきやす》　編《へん》（小学館《しょうがくかん》）

使《つか》い分《わ》けの難《むずか》しい漢字《かんじ》や、言葉《ことば》の由来《ゆらい》などを、イラストつきで説明《せつめい》しています。また、「ものしり」になるコラムがたくさんのっているので、漢字《かんじ》を調《しら》べるだけでなく、読《よ》みものとしても楽《たの》しめる辞書《じしょ》です。

ひらがな、カタカナ、漢字《かんじ》。文字《もじ》の世界《せかい》が広《ひろ》がる

『ステキナカタカナ』『素敵《すてき》な漢字《かんじ》』
『すてきなひらがな』

文字《もじ》は覚《おぼ》えるだけではない！ たったの一文字《いちもじ》から広《ひろ》がるさまざまなイメージに、想像力《そうぞうりょく》がしげきされ続《つづ》けます。英単語《えいたんご》ものっている、文字満載《もじまんさい》の絵本《えほん》。

五味太郎《ごみたろう》　著《ちょ》（講談社《こうだんしゃ》インターナショナル）

漢字《かんじ》の書《か》き方《かた》がよくわかる

『小学漢字《しょうがくかんじ》1006字《じ》の正《ただ》しい書《か》き方《かた》』

とめ、はね、はらいのポイントと、筆順《ひつじゅん》がていねいにのっています。漢字《かんじ》のおもしろ話《ばなし》も満載《まんさい》。

旺文社《おうぶんしゃ》　編《へん》
（旺文社《おうぶんしゃ》）

漢字《かんじ》の起源《きげん》や部首《ぶしゅ》を、遊《あそ》びながら覚《おぼ》える

『98　部首《ぶしゅ》カルタ』
『101　漢字《かんじ》カルタ』

ものを表《あらわ》した絵《え》と楷書《かいしょ》の漢字《かんじ》の他《ほか》に、その間《あいだ》に位置《いち》する古代文字《こだいもじ》が入《はい》っています。漢字《かんじ》の起源《きげん》も一目《ひとめ》でわかり、たくさんの部首《ぶしゅ》も楽《たの》しく理解《りかい》できます。

宮下久夫《みやしたひさお》　篠崎五六《しのざきごろく》　伊東信夫《いとうのぶお》　浅川《あさかわ》 満《みつる》　著《ちょ》
（太郎次郎社《たろうじろうしゃ》エディタス）

さくいん

解説キーワード

あ行《ぎょう》

あし……19
東歌《あずまうた》……47
うおへん……27
うかんむり……35
歌字《うたじ》づくし……19
永字八法基本点画《えいじはっぽうきほんてんかく》……61
おおがい……27
音読《おんよ》み……55

か行《ぎょう》

会意《かいい》……11・26
楷書《かいしょ》……60
賀寿祝《がじゅいわ》い……19
カタカナ……47
仮名文字《かなもじ》……47
かまえ……19
漢音《かんおん》……55
漢字《かんじ》……10
勘亭流《かんていりゅう》……57
かんむり……19
喜寿《きじゅ》……19
紀貫之《きのつらゆき》……47
教科書体《きょうかしょたい》……57
行書《ぎょうしょ》……60
許慎《きょしん》……11
金文《きんぶん》……10
くさかんむり……35
くちへん……27
訓読《くんよ》み……55
形声《けいせい》……11
源氏物語《げんじものがたり》……47
呉音《ごおん》……55
甲骨文字《こうこつもじ》……10
国字《こくじ》……26・35
こころ……35
こざとへん……11
古事記《こじき》……46
ゴシック体《たい》……57
ころも……35

さ行《ぎょう》

傘寿《さんじゅ》……19
さんずい……35
指示《しじ》……11
熟字訓《じゅくじくん》……55
象形《しょうけい》……11
小篆《しょうてん》……10
清少納言《せいしょうなごん》……47
書体《しょたい》……57
書道《しょどう》……60
説文解字《せつもんかいじ》……11
卒寿《そつじゅ》……19

た行《ぎょう》

たれ……19
単位《たんい》……35
つきへん……27
つくり……19
唐音《とうおん》……55
土佐日記《とさにっき》……47
とらがしら……57

な行《ぎょう》

名前《なまえ》……61
にくづき……27
にょう……19

は行《ぎょう》

白寿《はくじゅ》……19
筆順《ひつじゅん》……60
表意文字《ひょういもじ》……11
表音文字《ひょうおんもじ》……11
ひらがな……47
封緘印《ふうかんいん》……27
部首《ぶしゅ》……19・27・35
米寿《べいじゅ》……19
へん……19
変体《へんたい》がな……47

ま行《ぎょう》

枕草子《まくらのそうし》……47
真名字《まなじ》……47
万葉《まんよう》がな……46
万葉集《まんようしゅう》……46・47
みみへん……27・35
明朝体《みんちょうたい》……57
紫式部《むらさきしきぶ》……47
紫式部日記《むらさきしきぶにっき》……47
もんがまえ……27

や行《ぎょう》

やへん……27
やまかんむり……35

ら行《ぎょう》

鯉魚尺素《りぎょせきそ》……27
六書《りくしょ》……11・26
りっとう……35
れっか……35
れんが……35

わ行《ぎょう》

吾唯知足《(われただたるをしる)》……13・19

参考文献

『字統　普及版』
白川　静　著（平凡社）
『白川静さんに学ぶ漢字は楽しい』
白川　静　監修／小山鉄郎　著
（共同通信社）
『角川書道字典』
伏見冲敬　編（角川書店）
『新版　漢字源』
藤堂明保　松本　昭　竹田　晃　編
（学習研究社）
『例解学習漢字辞典』
藤堂明保　編（小学館）
『にほんご』
安野光雅　大岡　信　谷川俊太郎
松居　直　著（福音館書店）
『思わず人に話したくなる
続・日本語知識辞典』（学習研究社）

●監修

池田　修（いけだおさむ）

一九六二年、東京都生まれ。中学校国語科の教員を長年勤めた後、現在、京都橘大学人間発達学部准教授。教員養成に関わる。「国語科を実技教科にしたい、学級を楽しく経営したい」をキーワードに、実践と研究を重ねている。単著に『中等教育におけるディベートの研究』（大学図書出版）『教師になるということ』（ひまわり社）。編著に『シリーズ 明日の教室 1～5』（ぎょうせい）等がある。

●装画＋表紙デザイン

ももはらるみこ

●本文イラスト

阪本純代（クイズ1、2、5）

久住卓也（クイズ4、17、22、23、31、36）

さかたしげゆき（クイズ6～8、10、11）

増田和子（クイズ12～16）

吉田尚令（クイズ18～21）

星野イクミ（クイズ24、27）

竹友和美（クイズ28、40）

あおきひろえ（クイズ32～35）

＊

おぜきせつこ（答えページ、目次古代文字）

＊

かわかみたかこ（目次）

●クイズ製作

杉本幸生

オフィス303

●写真協力

二玄社（10ページ・甲骨文字、金文）

宗教法人 龍安寺（13ページ・つくばい）

宇治市源氏物語ミュージアム（47ページ・『源氏物語』）

大阪青山歴史文学博物館（47ページ・『土佐日記』）

九州大学附属図書館（47ページ・『枕草子』）

●編集

教育画劇

清田久美子

＊

オフィス303

桑原るみ

根岸　淳

船橋　史

●本文デザイン＋DTP製作

オフィス303

クイズ にほん語《ご》の大冒険《だいぼうけん》　① 文字《もじ》

2010年2月15日　初版発行

発行者＿＿＿升川和雄

発行所＿＿＿株式会社 教育画劇

〒151-0051 東京都渋谷区千駄ヶ谷 5-17-15

TEL 03-3341-3400　FAX 03-3341-8365

http://www.kyouikugageki.co.jp

印刷所＿＿＿大日本印刷株式会社

ISBN 978-4-7746-1041-2 C8081